일곱 교회

이기는 자에게 주시는 축복

일곱 교회 이기는 자에게 주시는 축복

초판발행 | 2009년 8월 7일

지은이 | 허철

펴낸이 | 허철
기획 | 표정석
편집 | 이자영
디자인 | 이지현

펴낸곳 | 도서출판 순전한 나드
등록번호 | 제313-2003-00162
주소 | 서울 서초구 양재동 289-4 다모빌딩 3층
도서문의 | 02) 574-6702 / 010-6214-9129
편집실 | 02) 574-9702
팩스 | 02) 574-9704
홈페이지 | www.purenard.co.kr

ISBN 978-89-6237-046-1   03230

일곱 교회

이기는 자에게 주시는 축복

허 철 지음

PURE NARD

목 차

서문 · 7

Chapter 1 에베소 교회 · 9
Chapter 2 서머나 교회 · 35
Chapter 3 버가모 교회 · 53
Chapter 4 두아디라 교회 · · · · · · · · · · · · · · · · · · · 79
Chapter 5 사데 교회 · 117
Chapter 6 빌라델비아 교회 · · · · · · · · · · · · · · · · · 135
Chapter 7 라오디게아 교회 · · · · · · · · · · · · · · · · · 151

서문

어느 날, 요한계시록 2장과 3장을 읽는 중에 다른 때보다 특별하게 성령의 감동이 왔습니다. 그 내용은 주님께서 일곱 교회에 주시는 편지로, 각 교회를 향한 주님의 말씀입니다. 이 말씀을 통해 다음과 같은 점들을 살펴볼 수 있었습니다.

가장 먼저는 주님이 어떤 분이신가입니다. 각 교회에 편지하시는 예수님을 더욱 알게 되는 것은 큰 은혜입니다.

두 번째는 예수님께서 각 교회의 실상을 바로 아시고 말씀하신다는 것입니다. 주님께서 우리의 실체를 바로 알고 계시다는 것을 이해하고, 우리는 이제 주님께서 원하시는 삶으로 변화되어야 합니다.

세 번째로 주님께서 각 교회에 보내는 편지의 형식을 살펴보면, 먼저 칭찬부터 하신 뒤에 책망을 하시고, 마지막으로 이기는 자에게 축복하시는 말씀으로 구성되어 있습니다. 주님은 우리에게 먼저 칭찬을 하시는 분입니다. 그리고 책망할 것이 있으면 바로 책망하시는 것입니다. 우리는 책망을 받는 것 또한 은혜임을 알아야 합니다. 왜냐하면 잘못을 하는데도 방관되는 것은 하나님의 사랑을 받는 것이 아니기 때문입니다.

네 번째는 주님께서 잘못한 것을 바로 알려 주시면서 회개하게 하시는 것입니다. 회개하지 않으면 받도록 예비하신 축복을 옮긴다고 하셨습니다.

다섯 번째는 성령님께서 각 교회에 말씀하신다는 것입니다. 우리에게 가장 중요한 것은 하나님의 음성을 듣고 순종하여 축복을 받는 것입니다.

마지막으로는 주님께서 이기는 자에게 주시는 축복이 반드시 있다는 것입니다. 주님께서 각 교회의 이기는 자에게 주시는 축복이 저의 마음을 가장 감동케 하였습니다. 제 눈에 띄어 제 마음속을 계속 떠나지 않는 말씀은 이기는 자에게 주시는 축복이었습니다. 이 감동으로 인해 주일 날 '일곱 교회 이기는 자에게 주시는 축복' 이라는 제목으로 설교를 하였습니다. 그 설교 원고를 이 책으로 소개하게 된 것입니다. 제가 시무하는 팔복교회에서 이 설교를 하였을 때, 교인들의 좋은 반응은 제게 위로와 격려가 되었습니다. 성도들의 좋은 반응을 보고 『일곱 교회 이기는 자에게 주시는 축복』을 다른 분들께도 알리면 좋겠다는 감동으로 여러분들에게 소개하게 된 것입니다.

이 내용에 부족한 점이 있더라도 사랑과 인내로 읽어 주시기를 바랍니다. 책을 읽고 나서, 각 교회가 성령님의 말씀을 듣고 순종하고 승리하시기를 간절히 축원합니다.

이 책을 출간하게 해주시는 하나님께 먼저 영광을 돌립니다. 그리고 『일곱 교회 이기는 자에게 주시는 축복』을 통해 은혜 받았다는 간증과 함께 사랑으로 격려해 주신 팔복교회 성도들에게 감사를 드립니다. 또한 이 책의 출판을 도와주신 순전한 나드 직원들에게도 감사를 드립니다.

허 철 목사

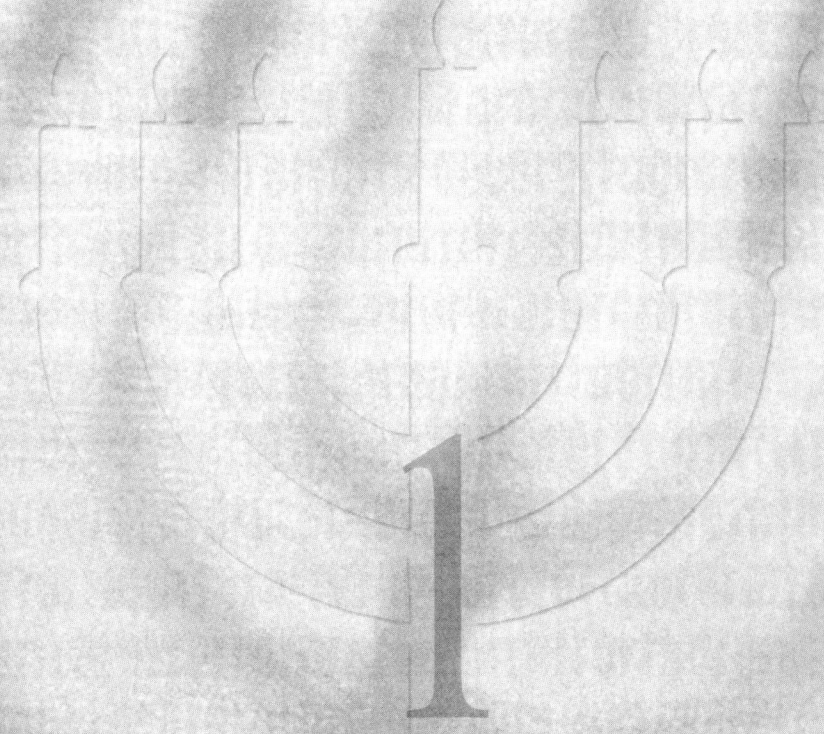

Chapter 1
Ephesus
에베소 교회

에베소 교회의 사자에게 편지하라 오른손에 있는 일곱 별을 붙잡고 일곱 금 촛대 사이를 거니시는 이가 이르시되 내가 네 행위와 수고와 네 인내를 알고 또 악한 자들을 용납하지 아니한 것과 자칭 사도라 하되 아닌 자들을 시험하여 그의 거짓된 것을 네가 드러낸 것과 또 네가 참고 내 이름을 위하여 견디고 게으르지 아니한 것을 아노라 그러나 너를 책망할 것이 있나니 너의 처음 사랑을 버렸느니라 그러므로 어디서 떨어진 것을 생각하고 회개하여 처음 행위를 가지라 만일 그리하지 아니하고 회개하지 아니하면 내가 네게 가서 네 촛대를 그 자리에서 옮기리라 오직 네게 이것이 있으니 네가 니골라 당의 행위를 미워하는도다 나도 이것을 미워하노라 귀 있는 자는 성령이 교회들에게 하시는 말씀을 들을지어다 이기는 그에게는 내가 하나님의 낙원에 있는 생명나무의 열매를 주어 먹게 하리라(계 2:1-7)

하나님께서는 교회를 사랑하십니다. 그 이유는 교회는 예수님의 피로 사신 것이며(행 20:28), 예수 그리스도는 교회의 머리이시고 교회는 그리스도의 몸이기 때문입니다.

예수님은 교회의 머리로서 각 교회의 사정을 잘 아시고 각 교회에 가장 적절한 교훈을 주셨습니다. 우리가 알아야 할 것은 이 교훈은 아시아의 일곱 교회뿐만 아니라 오늘날의 교회에 동일하게 적용할 수 있는 말씀이라는 것입니다.

예수님께서는 천사를 통해 요한에게 지시하여 아시아에 있는 일곱 교회에 편지를 하게 하셨습니다. 그 첫 번째로 에베소 교회에게 메시지를 보냈습니다.

에베소 교회는
어떤 교회입니까?

에베소 교회는 바울이 3년 동안 복음을 전했던 곳입니다(행 20:31). 후에 사도 요한도 에베소에서 활약한 듯합니다.

에베소(Ephesus)는 로마 제국 아시아 현에 있던 최대 해양 도시로 상업과 종교의 중심지였습니다. 이 도시에는 유대인이 많이 살고 회당도 있었습니다(행 18:19; 19:17).

바울은 제2차 전도여행에서 돌아오는 길에 에베소에 들러 얼마 동안 전도하다가 브리스길라와 아굴라를 남겨 두고 떠났습니다(행 18:21).

제3차 전도여행 때에도 들렀으나 이번에는 적어도 2년 3개월 체류

하면서 열심히 전도한 결과 아시아에 살고 있던 자는 유대인도, 헬라인도 다 주의 말씀을 들었습니다(행 19:1-10).

제3차 전도여행에서 돌아오는 도중 에베소에 들릴 수 없어 바울은 밀레도로 에베소 교회의 장로들을 불러 작별의 인사와 교훈을 주었습니다(행 20:17-38).

예수님은 어떤 모습으로
에베소 교회에 말씀하셨습니까?

예수님은 오른손에 일곱 별을 붙잡고 금 촛대 사이를 거니시면서 에베소 교회에 말씀하셨습니다.

> 에베소 교회의 사자에게 편지하라 오른손에 있는 일곱 별을 붙잡고 일곱 금 촛대 사이를 거니시는 이가 이르시되(계 2:1)

일곱 별은 일곱 교회 사자들을 대변하고 일곱 촛대는 일곱 교회를 상징합니다(계 1:20).

[개역개정]
네가 본 것은 내 오른손의 일곱 별의 비밀과 또 일곱 금촛대라 일곱 별은 일곱 교회의 사자요 일곱 촛대는 일곱 교회니라

[현대어성경]

내 손에 있는 일곱 별과 일곱 금촛대의 비밀을 일러주겠다. 일곱 별은 일곱 교회의 지도자들이요, 일곱 촛대는 일곱 교회이다.

[공동번역]

네가 보는 내 오른손의 일곱 별과 일곱 황금 등경의 비밀은 다음과 같다. 일곱 별은 일곱 교회의 천사들이고 일곱 등경은 곧 일곱 교회이다.

[한글 킹제임스]

네가 본 것은 나의 오른손 위의 일곱 별과 일곱 금촛대의 신비라. 일곱 별은 일곱 교회의 천사들이요, 네가 본 일곱 촛대는 일곱 교회라.

[KJV]

The mystery of the seven stars which thou sawest in my right hand, and the seven golden candlesticks. The seven stars are the angels of the seven churches: and the seven candlesticks which thou sawest are the seven churches.

여기서 일곱 별에 대한 번역이 두 가지로 나온 것입니다. 하나는 일곱 천사요, 다른 곳에는 일곱 교회 지도자들이었습니다. 여기에 대하여 그리스어 원어를 찾아보았습니다. 원어로는 앙겔로스(ang-el-os)이고 천사, 사자, 목사라는 뜻으로, 메신저(messenger) 즉 소식을 가져오는 자입니다.

    에베소 교회에 말씀하시는 예수님의 모습은 오른손에 일곱 사자를 붙잡고 계시며 일곱 교회 사이에 다니시는 모습입니다. 이를 통합하여 생각해 보면, 우선 예수님은 일곱 천사를 붙잡고 계실 뿐만 아니라 일곱 교회 지도자를 붙잡고 계시는 능력의 하나님이시라는 것입니다. 그러므로 예수 그리스도의 사역자들은 그분의 특별한 배려와 보호를 받습니다. 복음의 사역자들이 예수님의 장중에 붙들려 있지 않으면 그들은 곧 유성처럼 떨어져 버릴 것입니다. 또한 예수 그리스도는 하늘에 계시지만 지상에 있는 교회 사이에 다니신다는 것입니다. 예수님은 하나님의 사람을 보호하시고 하나님의 교회를 방문하십니다.

예수님은 에베소 교회에 무엇을 칭찬하셨습니까?

    예수님은 특별히 에베소 교회에 대해 바로 아시고 그것에 대하여 칭찬의 말씀을 먼저 하셨습니다.

> 내가 네 행위와 수고와 네 인내를 알고 또 악한 자들을 용납하지 아니한 것과 자칭 사도라 하되 아닌 자들을 시험하여 그의 거짓된 것을 네가 드러낸 것과 또 네가 참고 내 이름을 위하여 견디고 게으르지 아니한 것을 아노라(계 2:2-3)

예수님은 에베소 교회 안의 행위와 수고와 인내를 알고 칭찬하셨습니다.

• 에베소 교회는 섬기는 교회로 칭찬을 받았습니다.

주님은 에베소 교회를 향해 "네 수고를 안다"고 하셨습니다. 이 수고란 말 속에는 이미 섬김과 봉사의 의미가 들어 있습니다. 예수님께서는 자신이 이 땅에 오신 목적을 많은 사람들을 섬기기 위해서라고 말씀하셨습니다(막 10:45). 예수님은 친히 섬김의 모본을 보여주시면서 그의 제자들에게 사람들을 섬기라고 하셨습니다.

> 내가 주와 또는 선생이 되어 너희 발을 씻었으니 너희도 서로 발을 씻어 주는 것이 옳으니라 내가 너희에게 행한 것같이 너희도 행하게 하려 하여 본을 보였노라(요 13:14-15)

에베소 교회가 주님께 칭찬받은 것은 '행함이 있는 믿음' 때문이었습니다. 에베소 교회에 주님께 칭찬받을 만한 행위가 있었다면, 그것은 분명히 칭찬받을 만한 믿음이 있었다는 증거가 되는 것입니다. 모든 교회는 믿음 있는 교회가 되어야 합니다. 그래야 하나님을 기쁘시게 할 수 있습니다(히 11:6 참조). 오늘날 우리의 교회도 믿음과 행위가 일치하는 교회가 되어야 합니다. 우리 모두는 섬기는 교회, 섬기는 성도가 되어야 합니다. 서로 섬기는 곳에서부터 천국은 시작되고, 섬기는 곳에서부터 하나님의 역사는 일어납니다.

- **에베소 교회는 소망으로 인내하는 교회였습니다.**

에베소 교회가 주님께 칭찬받은 또 하나의 이유는 인내가 있었기 때문입니다. 에베소 교회는 비록 유혹을 받고 핍박을 받는다 해도 그리스도에 대한 소망을 든든히 가졌기에 인내할 수 있었던 것입니다. 주님께서 항상 함께 계시고, 다시 오시겠다고 하신 언약은 모든 성도들에게 인내의 근거가 되는 소망입니다. 우리는 어떤 고난이 있더라도 이 소망을 가질 때 능히 감당할 수 있습니다. 성도들은 소망의 하나님을 바라보고 소망을 가져야 합니다.

예수님은 에베소 교회에 악한 자들을 용납하지 아니한 것을 칭찬하셨습니다.

에베소 교회는 악한 자들을 용납하지 않은 교회였습니다. 교회는 사랑이 넘쳐나야 합니다. 하지만 주님을 훼방하고 신앙의 공동체를 파괴하는 악한 자들에 대하여는 단호히 대처해야 합니다. 성도들은 악인의 꾀를 좇지 말아야 할 뿐 아니라, 적극적으로 악을 물리치고 용납하지 말아야 합니다.

예수님은 거짓된 것을 드러낸 것을 칭찬하셨습니다.

에베소 교회는 참과 거짓을 정확히 판별해 낸 교회입니다. 그 당시 아시아 교회는 거짓 교훈을 가지고 들어와 교회를 어지럽혔습니다. 에베소 교회는 이들의 거짓됨을 용케 판별해 냈습니다. 그리고 그 거짓됨을 만천하에 명백히 드러내었습니다. 이러한 거짓된 교훈은 말세가 가까워

올수록 더욱 극심할 것입니다. 모든 성도와 교회들은 에베소 교회와 같이 거짓 교사와 가르침을 능히 판별해 낼 수 있도록 진리의 터 위에 신앙을 굳건히 세워 가야 합니다. 우리는 참된 영적 분별을 잘하여야 합니다.

예수님의 이름을 위하여 견디고 게으르지 아니한 것을 칭찬하셨습니다.

에베소 교회는 게으르지 아니한 부지런한 교회였습니다. 주님께 받은 직무에 충실한 교회였다는 말입니다. 예수님께서도 "충성되고 지혜 있는 종이 되어 주인에게 그 집 사람들을 맡아 때를 따라 양식을 나눠 줄 자가 누구냐"(마 24:45)라고 말씀하시며, 성도들이 근면해야 할 것을 촉구하셨습니다.

바울도 로마 교회를 향하여 "부지런하여 게으르지 말고 열심을 품고 주를 섬기라"(롬 12:11)고 권면했습니다. 성도들은 모든 일에 부지런해야 합니다. 주의 일에도 부지런해야 하지만 자기가 맡은 세상 일에도 부지런해야 합니다(시 126:5-6, 잠 6:6-11).

우리는 주의 일에 열심을 내는 성도가 되어야 합니다. 예배와 기도로 부지런히 모이기를 권면합니다.

> 서로 돌아보아 사랑과 선행을 격려하며 모이기를 폐하는 어떤 사람들의 습관과 같이 하지 말고 오직 권하여 그 날이 가까움을 볼수록 더욱 그리하자(히 10:24-25)

예수님은 또한 에베소 교회를 향하여 책망과 권면도 하셨습니다.

그러나 너를 책망할 것이 있나니 너의 처음 사랑을 버렸느니라 그러므로 어디서 떨어진 것을 생각하고 회개하여 처음 행위를 가지라 만일 그리하지 아니하고 회개하지 아니하면 내가 네게 가서 네 촛대를 그 자리에서 옮기리라(계 2:4-5)

주님께서 에베소 교회에 책망하신 것은 처음 사랑이 식어 버린 것입니다. "너의 처음 사랑을 버렸느니라"(계 2:4). 주님께서 책망하신 것은 '너의 첫사랑'을 버린 것입니다.

잔느 귀용은 '첫사랑'에 대하여 다음과 같이 권면하였습니다(『요한계시록 주석』, 22쪽).

하나님의 첫사랑을 지금도 간직한 사람이 어디에 있을까? 어떻게 우리가 그렇게도 쉽게 첫사랑을 잊을 수 있단 말인가! 우리가 처음 주님을 만났을 때 잠시 동안 열렬한 사랑을 보이다가 우리의 삶 속에 역경과 고난이 몰아치면 우리는 하나님의 첫사랑을 완전히 잊어버리게 된다.…당신의 하나님에 대한 사랑은 확고하며 어떤 경우에도 변함이 없어야 합니다. 아무리 당신이 어려움 가운데 있고 위험을 만나고 두려움에 처하고 박해를 받고 있어도 하나님에 대한 사랑을 버리지 마십시오.

에베소 교회가 회개할 것은 처음 사랑을 버린 것입니다. 처음 사랑을 버린 것을 회개한다는 것은 첫사랑을 회복하고 식어진 사랑을 다시금 뜨겁게 하는 것입니다. 여러분들이 하나님을 처음으로 사랑한 때가 언제입니까? 하나님을 만나고 감격하던 기쁨이 다시 회복되어야 합니다.

프팬시스 프랜지팬 목사님은 그의 책 『영적 전투의 세 영역』에서 '식어진 사랑'의 요새를 주의할 것에 대하여 다음과 같이 지적하였습니다.

여러분의 사랑은 날로 더 부드럽고, 더 밝으며, 더 담대하고 더 눈에 띄도록 자라고 있습니까? 그렇지 않으면 갈수록 더 차별하며, 더 계산적이 되며, 더욱 몸조심을 하려 하고 몸을 사리십니까? 이는 매우 중요한 문제입니다. 왜냐하면 여러분의 기독교는 오직 사랑이 참된 만큼 참되기 때문입니다. 여러분이 눈에 띄도록 점점 더 사랑할 수 없게 되는 것은 식어진 사랑의 요새가 여러분 속에서 조성되고 있다는 증거입니다.
…쓴 마음은 식어진 사랑의 요새를 드러내는 전형적인 증세입니다. 쓴 감정을 품은 마음가짐을 회개하고 여러분에게 상처를 준 사람을 용서해야만 합니다. 하나님께서 이처럼 마음 아픈 경험을 하도록 허락하신 것은 여러분에게 원수를 사랑하는 법을 가르치기 위한 것입니다. 만약 여러분이 상처를 준 이들을 아직도 용서하지 못한다면 여러분은 이 시험에서 낙제하는 것입니다.…여러분은 사실 하나님의 사랑 안에서 자랄 수 있는 기회를 주신 것을 하나님께 감사해야 합니다.…하나님께서는 여러분에게 나갈 길을 주십니다. 사랑하십시오! 하나님의 사랑을 받아들이고 서로 용서하며 살기 시작할 때 여러분은 쓰디 쓴 감정과 이를 여러분의 삶에 나타나게 하는 견고한 요새를 실제적으로 파하고 있는 것입니다. 이러한 체험 때문에 여러분은 결과적으로 더 큰 사랑을 갖게 될 것입니다. 참으로

하나님께 감사해야 할 일입니다.

…헌신 없는 사랑은 사랑이 아닙니다. "보는바 그 형제를 사랑치 아니하는 자가 보지 못하는바 하나님을 사랑할 수 없느니라"(요일 4:20). 우리가 사랑하며 예수의 사랑으로 서로서로에게 헌신되기까지 우리가 받은 그 구원 안에서 자라는 것을 말하고 있는 것입니다. 헌신함이 없이는 하나님이 우리에게 두신 목적의 충만함에 이를 자가 없기 때문입니다.

여러분의 심령의 어느 한 면에 하나님께 대한 사랑이 식어진 것이 있습니까?

그러나 너를 나무랄 일이 하나 있다. 네가 나를 처음만큼 사랑하지 않는다는 사실이다(계 2:4, 현대어 성경).

"네가 나를 처음만큼 사랑하지 않는다는 사실이다"라는 말씀을 기억하시기 바랍니다. 여러분은 과거에 하나님의 사랑을 알고 그분을 사랑한 것만큼 오늘날도 그런 감격으로 사랑을 지속하거나 더 사랑하고 있습니까? 우리 자신을 다시 점검하고 하나님의 사랑과 성령을 받은 그 은혜와 감격을 회복하여야 하겠습니다.

하나님께서는 우리를 사랑하셔서 그의 아들을 우리 죄 대신 죽게 하셨습니다.

그리스도의 사랑이 우리를 강권(선점, 지배, 당황하게)하시는도다 우리가 생각건대 한 사람이 모든 사람을 대신하여 죽었은즉 모든 사람이 죽

은 것이라(고후 5:14)

하나님의 사랑이 우리에게 이렇게 나타난바 되었으니 하나님이 자기의 독생자를 세상에 보내심은 그로 말미암아 우리를 살리려 하심이라 사랑은 여기 있으니 우리가 하나님을 사랑한 것이 아니요 하나님이 우리를 사랑하사 우리 죄를 속하기 위하여 화목 제물로 그 아들을 보내셨음이라 사랑하는 자들아 하나님이 이같이 우리를 사랑하셨은즉 우리도 서로 사랑하는 것이 마땅하도다(요일 4:9-11)

하나님께서는 당신의 외아들을 이 악한 세상에 보내 주셨습니다. 그리고 그 아들의 죽음을 통해서 우리에게 영원한 생명을 주심으로써 얼마나 우리를 사랑하고 있는가를 보여주셨습니다. 이러한 하나님에게서 우리는 참사랑이 무엇인지를 알게 되었습니다. 참사랑은 하나님을 향한 우리의 사랑이 아니라 우리를 향한 하나님의 사랑입니다. 이 사랑은 우리 죄 때문에 진노하신 하나님께서 우리를 벌하시는 대신 사랑하는 외아들을 희생 제물로 내주신 데서 나타났습니다. 이것이야말로 사랑의 극치입니다. 사랑하는 형제들이여, 하나님께서 이렇게까지 우리를 사랑하셨으니 우리가 어떻게 서로 사랑하기를 마다하겠습니까?(요일 4:9-11, 현대어성경)

하나님께서 우리를 사랑하셔서 예수님을 사망 권세를 이기고 살리셨습니다. 그래서 우리에게 부활의 소망을 주셨습니다. 하나님 아버지는 지금도 우리를 사랑하고 계십니다. 그러므로 가장 크고 첫째 되는 계명은 온 마음과, 온 영혼과, 뜻과 힘을 다하여 우리의 하나님을 사랑하는 것입니다(신 6:5, 마 22:37).

진실로 하나님이 원하시는 것은 온 마음을 다하여, 기쁨으로 자원하는 사랑입니다. 우리가 기억해야 할 것은 주님을 진실로 사랑하지 않는 사람들은 영생의 기쁨을 누리지 못하리라는 것입니다. 반면에 주님을 진실로 사랑하는 사람들에게는, 주님께서 그들이 그처럼 원하고 필요로 하였던 모든 것의 모든 것을 주시고 친히 자신을 나타내실 것입니다. 그리고 주님의 사랑은 더욱 강하여질 것이고, 더욱 열정적으로 불타오를 것입니다.

예수님은 에베소 교회에 말씀하셨던 것처럼, 오늘날에도 우리와 사랑을 새롭게 하자고 우리를 부르시고 찾으십니다. 우리가 반드시 해야 할 것은 첫사랑이 식어진 것을 회개하고 반드시 회복하여 이전보다 더 하나님을 사랑하는 것입니다.

사도 요한의 권면의 말씀을 듣고, 하나님과 형제 자매, 성도들을 향한 사랑을 실천하시기를 바랍니다.

> 사랑하는 자들아 우리가 서로 사랑하자 사랑은 하나님께 속한 것이니 사랑하는 자마다 하나님으로부터 나서 하나님을 알고 사랑하지 아니하는 자는 하나님을 알지 못하나니 이는 하나님은 사랑이심이라(요일 4:7-8)
>
> 어느 때나 하나님을 본 사람이 없으되 만일 우리가 서로 사랑하면 하나님이 우리 안에 거하시고 그의 사랑이 우리 안에 온전히 이루어지느니라 그의 성령을 우리에게 주시므로 우리가 그 안에 거하고 그가 우리 안

에 거하시는 줄을 아느니라 아버지가 아들을 세상의 구주로 보내신 것을 우리가 보았고 또 증언하노니 누구든지 예수를 하나님의 아들이라 시인하면 하나님이 그의 안에 거하시고 그도 하나님 안에 거하느니라 하나님이 우리를 사랑하시는 사랑을 우리가 알고 믿었노니 하나님은 사랑이시라 사랑 안에 거하는 자는 하나님 안에 거하고 하나님도 그의 안에 거하시느니라 이로써 사랑이 우리에게 온전히 이루어진 것은 우리로 심판 날에 담대함을 가지게 하려 함이니 주께서 그러하심과 같이 우리도 이 세상에서 그러하니라 사랑 안에 두려움이 없고 온전한 사랑이 두려움을 내쫓나니 두려움에는 형벌이 있음이라 두려워하는 자는 사랑 안에서 온전히 이루지 못하였느니라 우리가 사랑함은 그가 먼저 우리를 사랑하셨음이라 누구든지 하나님을 사랑하노라 하고 그 형제를 미워하면 이는 거짓말하는 자니 보는 바 그 형제를 사랑하지 아니하는 자는 보지 못하는 바 하나님을 사랑할 수 없느니라 우리가 이 계명을 주께 받았나니 하나님을 사랑하는 자는 또한 그 형제를 사랑할지니라 (요일 4:12-21)

예수님께서는
니골라 당의 행위를 미워하십니다.

오직 네게 이것이 있으니 네가 니골라 당의 행위를 미워하는도다 나도 이것을 미워하노라(계 2:6)

예수님께서 미워하시는 것은 니골라 당의 행위였습니다. '니골라'는 영지주의의 대표적인 교사인데, 사도행전 6장 5절에 나타나는 초대교회 집사 '니골라'와 동일 인물인지는 분명하지 않습니다.

니골라 당에 대하여 많은 것을 알려 주는 폴 키스 데이비스 목사님의 저서 『추수의 천사들』의 내용을 참고하면, 니골라 당에 관해 다음과 같이 설명할 수 있습니다.

니골라 당의 영은 거짓된 영적 권위로 사람들을 조종하고 통제합니다.

니골라 당의 영은 참된 영적 관리를 가장하려 할 것입니다. 이 영은 자신의 목적을 이루기 위해 교묘하게 두려움과 조종과 통제를 사용함으로써 거짓된 영적 권위를 행사하려 들 것입니다.

니골라 당(Nicolaitans)이란 두 개의 헬라어, 곧 '니코스(Nikos)'와 '라오스(Laos)'에서 비롯되었습니다. 니코스(Nikos)란 '정복, 승리, 성공; 정복하다'란 뜻을 지니며, 함축적으로는 '패배자에 대한 지배권'을 의미합니다. '니카오(Nicao)'의 문자적인 의미는 '지배하다, 위협하다, 조종하다'입니다.

라오스(Laos)란 단순히 '사람들' 혹은 '평신도'를 뜻합니다. 이 두 단어가 합쳐져 '사람들(평신도들)을 정복하다(지배하다, 위협하다, 조종하다)'라는 의미를 가집니다.

니골라 당의 행위는 성도들을 꾀어 우상을 숭배하게 하고 음행에 빠지게 하였습니다.

니골라 당은 에베소와 버가모 교회에서 보이던 이단의 일파입니다 (계 2:6, 15). 그들은 발람의 교훈에 따라, 예루살렘 사도회의에서 규정된 우상에게 드린 것과 음행을 피해야 할 명령(행 15:20, 29)을 거스르고, 이 구속에서 해방되어야 한다고 주장하였습니다. 이들은 결국 이단의 그릇된 길에 빠졌습니다. 니골라 당은 성도들을 꾀어 우상을 숭배하게 하고 음행에 빠지게 하였습니다.

니골라 당의 행위는 성령님과는 상반된 동기로 분리시키게 하는 것입니다.

한때 어떤 주석가들은 니골라 당이란 니골라라는 이름을 가진 한 사람의 지배 하에서 거짓된 교리를 좇던 일단의 무리들을 말한다고 믿었습니다. 물론 이들의 주장이 일면 옳은 구석은 있습니다. 그러나 이들의 견해를 뒷받침할 만한 신빙성 있는 역사적 사건을 쉽게 찾아볼 수 없습니다. 오히려 새롭게 들어온 이 강력한 영적 원수는 하나님의 목적에 지극히 해로운 거짓 영일 가능성이 높습니다. 하나님께서는 공공연히 이 영을 싫어하신다고 말씀하십니다. 니골라 당의 영은 성령님과는 전혀 상반된 동기를 지닌 타락한 형태의 리더십을 상징합니다. 성령님은 언제나 사람들을 이끌어 주 예수님께 인도합니다. 반면, 거짓 영들은 사람들로 하여금 인생을 변화시키는 주님의 임재에서 멀어지게 합니다. '니골라 당의 행위'란 성직 제도를 통해 주 예수님을 대신하여 백성들을 지배하려던 움직임을 의미하기도 합니다. 니골라 당은 하나님의 백성들을 하나님과 분리시켜 놓습니다.

한번은 주님께서 폴 키스 데이비스 목사님께 이렇게 말씀하셨다고 합니다. "너는 하나님의 필요를 충족시켜 드리기 전에는, 결코 사람들의 필요를 채워 줄 수 없단다."

주님께서 가지신 유일한 필요는, 주님의 백성들과 교제를 나누는 일입니다. 주님으로부터 자꾸 멀어지게 하고, 주님과의 관계를 방해하는 것은 무엇이든 주님의 분노를 불러일으킵니다.

니골라 당의 행위는 첫사랑을 잃어버리게 하는 것입니다.

니골라 당의 영의 첫 번째 공격대상은 바로 '첫사랑'을 잃어버린 크리스천들입니다. 이 원수는 성령님에 대한 불붙는 열정에 찬물을 끼얹으려고 주도면밀하게 상황들을 꾸며 갈 것입니다. 이 영은 영적으로 무관심하게 하고 소망이 더디 이루어지게 함으로써 의기소침하게 만드는 것이 목적입니다. 에베소 교회에게 주신 첫사랑을 회복하라는 훈계의 말씀은 우리 시대에 이 원수를 정복할 수 있는 매우 탁월한 해결책입니다. 니골라 당의 영은 무관심과 무기력증을 늘 동반합니다. 니골라 당의 영에 지배를 당하는 자는 주님을 향한 사랑과 주님의 목적을 이루려는 열정이 시들해집니다.

니골라 당의 행위는 주님의 몸 된 교회의 구조를 타락시키는 것입니다.

예수님에 대한 순수하고 단순한 헌신의 마음을 유지하고 있을 때, 비로소 우리는 불경건한 니골라 당의 영의 속성과 성령께 기름 부음 받은 의로운 리더십을 뚜렷이 분별하고 구분하게 될 것입니다.

니골라 당의 영은 주님의 몸 된 교회의 구조를 타락시킵니다. 이 영은 교회 안에서 형제자매의 관계가 아니라 밑에 두고 부리는 부하들을 만들어 내려 합니다. 이런 종류의 권위 하에 예속되어 있는 사람들은 늘 정신이 혼미하거나 신경과민으로 살아갑니다. 주인을 즐겁게 하기 위해 이들에게 부여된 책임과 기대가 너무도 막중하기 때문입니다. 이런 상황에서는 평안의 영이 아닌 무분별의 영 혹은 신경증적 사고구조만 만들어집니다. 내구성이 길러지는 것이 아니라 불안만 조장됩니다. 이 악한 영의 영향을 받으며 지내온 수많은 크리스천들이 현재 절망, 불만족 등 다양한 신경증을 호소하고 있습니다. 이들은 뭔가 부족하다는 느낌으로 인해, 혹은 그동안 받은 상처로 인해 교회를 떠나기도 합니다.

그러나 여기 좋은 소식이 있습니다. 주님께서 이제 이 영을 선별하여 걸러내시는 작업에 착수하려 하십니다. 주님은 교회사 전반에 걸쳐 세력을 장악해 온 이 거짓 영과 하나님의 성령을 뚜렷하게 구분하실 것입니다. 성령의 기름 부음을 받은 사도적인 정부의 특징은 예수님의 순결한 모범을 따르는 섬김과 겸손과 의로움입니다. 이러한 지도자들은 마지막 때에 관한 메시지를 실제로 증명해 보이는 권능을 행사할 것입니다. 이들은 하나님 나라의 메시지를 전달하고 하나님 나라의 사역을 감당할 것입니다.

니골라 당의 행위는 거짓된 리더십으로 성령의 역사를 찬탈하게 하는 것입니다.

거짓된 리더십은 참되고 경건한 성령의 기름 부으심보다 우위를 차지하려 할 것이고, 교회 내에서 합법적으로 성령께 속해 있는 지위를 찬탈하려 할 것입니다. 교회는 결코 민주주의가 아닙니다. 사람에 의해 다스려지고 다수에 의해 지배되는 민주주의가 아닙니다. 교회는 신정(theocracy)입니다. 하나님의 직접적인 지도를 받거나 하나님의 지도를 받고 있다고 여겨지는 지도자들에 의한 관리체제입니다.

에베소 교회는 니골라 당의 행위를 미워했기에 주님으로부터 칭찬을 받았습니다. 에베소 교회가 이들의 잘못된 행위를 미워한 것은 칭찬 받을 믿음입니다. 여기에서 우리에게 주는 교훈은 성도들이 이단·사이비를 조심해야 한다는 것입니다. 그들은 양의 탈을 쓴 이리와 같이 교회에 가만히 들어와서 거짓된 가르침으로 성도들을 유혹하고 자기들의 교훈만이 진리라고 가르칩니다. 그래서 성도들을 혼미하게 하고 실족하도록 합니다. 따라서 교회는 이들을 항상 경계하고 미워하며, 색출하여 징계해야 하는 것입니다. 그러므로 초대교회가 니골라 당의 악한 영의 영향력을 미워한 것처럼 우리도 역시 이 영을 미워해야 합니다.

이기는 자에게 주시는 축복은 무엇입니까?

예수님께서 이기는 자에게는 "하나님의 낙원에 있는 생명나무의 열매를 주어 먹게 하리라"고 하셨습니다.

귀 있는 자는 성령이 교회들에게 하시는 말씀을 들을지어다 이기는 그

에게는 내가 하나님의 낙원에 있는 생명나무의 열매를 주어 먹게 하리라(계 2:7)

여기에서 생명나무란 무엇입니까?

생명나무는 에덴 동산의 중앙에 '선악을 알게 하는 나무'와 함께 하나님께서 마련해 주셨던 나무입니다

여호와 하나님이 그 땅에서 보기에 아름답고 먹기에 좋은 나무가 나게 하시니 동산 가운데에는 생명나무와 선악을 알게 하는 나무도 있더라 (창 2:9)

여호와 하나님이 가라사대 보라 이 사람이 선악을 아는 일에 우리 중 하나같이 되었으니 그가 그 손을 들어 생명나무 실과도 따먹고 영생할까 하노라 하시고(창 3:22)

이같이 하나님이 그 사람을 쫓아내시고 에덴 동산 동편에 그룹들과 두루 도는 화염검을 두어 생명나무의 길을 지키게 하시니라(창 3:24)

생명나무의 열매는 죽지 않는 생명의 원천을 상징하는 것이었습니다. 인류의 시조 아담과 하와는 범죄의 결과 이 생명나무의 열매를 먹을 수 없게 되었습니다(창 3:22, 24). 그 결과로 영육 모두 죽음의 저주 아래 놓이게 되었습니다. 그러나 예수 그리스도의 구속으로 그를 믿는 자는 구원되어, 죄와 악에 승리한 자는, 이 생명나무의 열매를 먹을 수 있게 됩니다.

귀 있는 자는 성령이 교회들에게 하시는 말씀을 들을지어다 이기는 그에게는 내가 하나님의 낙원에 있는 생명나무의 과실을 주어 먹게 하리라(계 2:7)

강 좌우에 생명나무가 있어 열두 가지 열매를 맺되 달마다 그 열매를 맺고 그 나무 잎사귀들은 만국을 치료하기 위하여 있더라(계 22:2)

자기 두루마기를 빠는 자들은 복이 있으니 이는 그들이 생명나무에 나아가며 문들을 통하여 성에 들어갈 권세를 받으려 함이로다(계 22:14)

만일 누구든지 이 두루마리의 예언의 말씀에서 제하여 버리면 하나님이 이 두루마리에 기록된 생명나무와 및 거룩한 성에 참여함을 제하여 버리시리라(계 22:19)

생명나무는 바로 예수님 자신입니다.

잔느 귀용은 생명나무가 예수님이신 것을 다음과 같이 증거하였습니다(잔느 귀용, 『요한계시록 주석』, 23쪽).

생명나무는 무엇입니까? 그것은 바로 예수님 당신 자신입니다! 당신은 진정으로 당신을 생명으로 받아들이며 믿는 자에게 먹이시는 분이십니다. 믿는 자들은 당신 안에서 모든 것을 잃게 되지만 당신은 곧바로 그들에게 당신 자신을 주셔서 생명을 얻고 영생을 얻게 합니다.

아담이 죽은 것은 생명나무를 먹지 못해서 죽은 것입니다. 우리가 영적으로 살기 위해서는 예수님을 먹어야 합니다. 예수님을 먹어야 한다는 것은 예수님을 믿어야 한다는 것입니다. 즉 예수님을 구주로 받아들이고 마음으로 믿은 사람은 영생합니다.

> 이는 그를 믿는 자마다 영생을 얻게 하려 하심이니라 하나님이 세상을 이처럼 사랑하사 독생자를 주셨으니 이는 그를 믿는 자마다 멸망하지 않고 영생을 얻게 하려 하심이라(요 3:15-16)

> 아들을 믿는 자에게는 영생이 있고 아들을 순종하지 아니하는 자는 영생을 보지 못하고 도리어 하나님의 진노가 그 위에 머물러 있느니라 (요 3:36)

> 너희가 성경에서 영생을 얻는 줄 생각하고 성경을 연구하거니와 이 성경이 곧 내게 대하여 증언하는 것이니라 그러나 너희가 영생을 얻기 위하여 내게 오기를 원하지 아니하는도다(요 5:39-40)

> 진실로 진실로 너희에게 이르노니 믿는 자는 영생을 가졌나니 내가 곧 생명의 떡이로다 너희 조상들은 광야에서 만나를 먹었어도 죽었거니와 이는 하늘에서 내려오는 떡이니 사람으로 하여금 먹고 죽지 아니하게

하는 것이니라 나는 하늘에서 내려온 살아 있는 떡이니 사람이 이 떡을 먹으면 영생하리라 내가 줄 떡은 곧 세상의 생명을 위한 내 살이니라 하시니라 그러므로 유대인들이 서로 다투어 이르되 이 사람이 어찌 능히 자기 살을 우리에게 주어 먹게 하겠느냐 예수께서 이르시되 내가 진실로 진실로 너희에게 이르노니 인자의 살을 먹지 아니하고 인자의 피를 마시지 아니하면 너희 속에 생명이 없느니라 내 살을 먹고 내 피를 마시는 자는 영생을 가졌고 마지막 날에 내가 그를 다시 살리리니 내 살은 참된 양식이요 내 피는 참된 음료로다 내 살을 먹고 내 피를 마시는 자는 내 안에 거하고 나도 그의 안에 거하나니 살아 계신 아버지께서 나를 보내시매 내가 아버지로 말미암아 사는 것같이 나를 먹는 그 사람도 나로 말미암아 살리라 이것은 하늘에서 내려온 떡이니 조상들이 먹고도 죽은 그것과 같지 아니하여 이 떡을 먹는 자는 영원히 살리라(요 6:47-58)

한 사람의 범죄로 말미암아 사망이 그 한 사람을 통하여 왕 노릇 하였은즉 더욱 은혜와 의의 선물을 넘치게 받는 자들은 한 분 예수 그리스도를 통하여 생명 안에서 왕 노릇 하리로다 그런즉 한 범죄로 많은 사람이 정죄에 이른 것같이 한 의로운 행위로 말미암아 많은 사람이 의롭다 하심을 받아 생명에 이르렀느니라 한 사람이 순종하지 아니함으로 많은 사람이 죄인 된 것같이 한 사람이 순종하심으로 많은 사람이 의인이 되리라 율법이 들어온 것은 범죄를 더하게 하려 함이라 그러나 죄가 더한 곳에 은혜가 더욱 넘쳤나니 이는 죄가 사망 안에서 왕 노릇 한 것같이 은혜도 또한 의로 말미암아 왕 노릇 하여 우리 주 예수 그리스도로 말미암아 영생에 이르게 하려 함이라(롬 5:17-21)

예수님을 믿어야 구원받고 영원히 하나님의 나라에서 살 수 있습니다. 하나님의 나라에서 생명나무 열매를 먹고 영생의 삶을 살게 됩니다.

예수님께서는 거짓 교훈을 물리쳐 이기고 온전한 신앙을 소유한 자에게는 낙원에 있는 생명나무의 과실을 먹게 하리라고 말씀하십니다. 이것은 단지 범죄 후에 인간에게 접근이 금지된 에덴의 생명나무 과실을 먹게 하겠다는 의미만은 아닙니다(창 3:22).

생명나무의 열매를 먹는다는 것은 그리스도의 왕국에서 의의 축복에 들어간다는 의미도 포함하는 것입니다. 끝까지 참고 이기는 자를 예수님께서는 그의 왕국에 들이시며, 영생하게 하는 의의 열매를 먹이시고, 그와 함께 영원한 나라를 다스리게 하시는 것입니다. 예수님은 승리자이십니다. 예수님은 사탄을 완전히 이기셨습니다. 승리자이신 예수님은 이기는 자가 생명나무의 열매를 먹게 될 것이라고 하셨습니다.

하나님께서 에베소 교회에 주시는 메시지를 오늘날 교회와 우리가 반드시 듣고 성령님의 인도하심을 받고 살아야 합니다. 일곱 별을 붙잡고 일곱 금촛대 사이에 다니시는 예수님의 메시지를 듣고, 처음 사랑을 회복하고 우상의 행위를 미워하며 승리하는 자가 되어 하나님의 나라에서 생명나무를 먹으며 영생하는 삶을 사시기를 축원합니다.

Chapter 2

Smyrna
서머나 교회

서머나 교회의 사자에게 편지하라 처음이며 마지막이요 죽었다가 살아나신 이가 이르시되 내가 네 환난과 궁핍을 알거니와 실상은 네가 부요한 자니라 자칭 유대인이라 하는 자들의 비방도 알거니와 실상은 유대인이 아니요 사탄의 회당이라 너는 장차 받을 고난을 두려워하지 말라 볼지어다 마귀가 장차 너희 가운데에서 몇 사람을 옥에 던져 시험을 받게 하리니 너희가 십 일 동안 환난을 받으리라 네가 죽도록 충성하라 그리하면 내가 생명의 관을 네게 주리라 귀 있는 자는 성령이 교회들에게 하시는 말씀을 들을지어다 이기는 자는 둘째 사망의 해를 받지 아니하리라(계 2:8-17)

서머나 교회는
어떤 교회입니까?

서머나 교회는 소아시아의 서안에 있는 해항 도시 서머나에 있는 교회로서, 사도 요한이 밧모 섬에서 성령의 감동으로 편지를 보낸 일곱 교회 중 한 교회입니다(계 1:11; 2:8-11).

서머나 교회는 외면적으로 풍성하지 못한 가운데 고난 중에 있었습니다. 더구나 일정 기간(십 일 동안)의 극렬한 박해가 목전에 임박해 있었으며, 그리스도인 중 어떤 자들에게는 투옥의 운명이 기다리고 있었습니다.

서머나 교회에는 사탄의 하수인 노릇하던 유대인들의 핍박이 심하여 경건하게 믿고자 하는 자는 항상 순교의 위기에 직면해 있었습니다. 사도 요한의 제자이며, 서머나 교회의 초대 감독이었던 '폴리캅'이 이곳에서 순교했다는 사실만 보아도 그 교회의 형편을 알 수 있습니다. 그러나 주님은 이처럼 죽음을 각오하고 믿음을 붙든 성도들에게 "죽도록 충성하라" 권면하시면서 생명의 면류관을 약속하셨습니다.

예수님은 서머나 교회에
어떤 분으로서 말씀하셨습니까?

예수님은 처음이자 마지막이시며 죽었다가 살아나신 분으로 서머나 교회에 말씀하셨습니다.

예수님은 알파와 오메가, 처음과 나중이 되십니다.

서머나 교회의 사자에게 편지하라 처음이며 마지막이요 죽었다가 살아나신 이가 이르시되(계 2:8)

또 내게 말씀하시되 이루었도다 나는 알파와 오메가요 처음과 마지막이라 내가 생명수 샘물을 목마른 자에게 값없이 주리니(계 21:6)

예수님은 처음에도 계시고 마지막에도 계시고 영원토록 계신 하나님이십니다. 과거와 오늘날도 우리와 함께 하시는 임마누엘 하나님이십니다. 그리고 앞으로 구름 타고 대 심판자로 오실 것입니다.

이르되 감사하옵나니 옛적에도 계셨고 지금도 계신 주 하나님 곧 전능하신 이여 친히 큰 권능을 잡으시고 왕 노릇 하시도다(계 11:17)

내가 들으니 물을 차지한 천사가 가로되 전에도 계셨고 지금도 계신 거룩하신 이여 이렇게 심판하시니 의로우시도다(계 16:5)

예수님은 죽었다가 다시 살아나신 하나님이십니다.

예수님은 우리의 죄를 대신하여 화목 제물이 되셨지만, 3일 만에 사망 권세를 이기시고 부활하신 분이십니다. 예수님은 부활의 주가 되시고 믿는 자에게 소망과 승리를 주시는 분이십니다. 예수님은 다시 살아나셨으며, 영원히 사시면서 우리를 위해 중보자가 되시고 우리를 사랑하시고 도와주십니다.

서머나 교회의 실상은 어떠했습니까?

> 내가 네 환난과 궁핍을 알거니와 실상은 네가 부요한 자니라 자칭 유대인이라 하는 자들의 비방도 알거니와 실상은 유대인이 아니요 사탄의 회당이라(계 2:9)

예수님은 서머나 교회의 환난과 궁핍을 아셨습니다.

서머나 교회 성도들은 모든 재산을 몰수당하고 여자와 아이들은 노예로 팔려 갔습니다. 불의한 로마 권력에 굴종하고 황제 숭배에 참여하기만 하면 얼마든지 무사안일하게 살 수 있었지만, 서머나 교회는 성도의 의로움과 신앙을 지키기 위해 고난을 선택했습니다. 고난을 오히려 의로움을 증명하는 증거로 여겼던 것입니다. 고난을 의로움의 반증으로 여기는 신앙, 서머나 교회가 지녔던 이 같은 신앙은 교회가 겪는 고난의 의미를 일러줍니다. 거짓과 불의가 만연한 시대에 진실로 의롭고 신실한 교회라면 고난당하는 것이 당연합니다.

로마의 그리스도 교회에 대한 박해의 역사는 실로 상상을 넘어서는 것이었습니다. '네로'에서부터 '디오클레티아누스' 황제에 이르기까지

10대에 걸쳐 240여 년간 교회를 박해했습니다. 이때 예수 그리스도를 믿는다는 이유로 옥에 갇히고 죽임을 당한 성도의 수는 이루 헤아릴 수조차 없습니다. 로마의 감옥들은 붙잡혀 온 성도들로 가득 찼으며, 더 이상 감금할 여지가 없었다고 역사가들은 기록하고 있습니다. 실로 거의 모든 성도들이 악하고 흉포한 로마제국에 의해 엄청난 고난을 당했습니다.

예수님은 환난과 궁핍 중에서도 신앙을 지키기 위해 몸부림치는 서머나 교회에게 죽음의 고난을 당하고 부활한 당신의 모습을 계시하셨습니다. 그리고 생존을 위협당하는 서머나 교회의 환난과 궁핍함을 모두 알고 계신다고 말씀하셨습니다(계 2:9).

주님께서도 십자가에 못 박혀 죽는 고통을 실제로 체험하셨기에 "네 환난과 궁핍을 내가 안다"는 이 말씀은 서머나 교회에 더할 나위 없는 위로와 격려가 되었을 것입니다. 예수님은 우리의 상황을 아시고 위로해 주십니다.

예수님은 서머나 교인들이 실상은 부요한 것을 아셨습니다.

잔느 귀용은 "너는 부유한 자"라는 말씀을 다음과 같이 설명하였습니다(『요한계시록 주석』, 25쪽).

> 가장 큰 부유함은 우리가 가장 빈곤에 처해 있을 때 발견할 수 있다는 것이다. 아무것도 가진 것이 없는 사람은 그의 소유에 의지하지 않는다. 모든 것을 다 잃어버린 사람은 더 이상 소유에 의지하지 않는다. 그리고 그의 무소유 안에서 참된 평안을 찾는다. 세상에 아무것도 의지할 것이 없

는 사람은 오직 하나님만 의지하게 된다. 그러므로 그 사람은 가장 귀하고 보배스러운 하나님을 소유한 부자가 된다. 세상적인 부자는 늘 더욱 더 소유하기를 바란다. 그래서 그에게는 만족함이 없고, 끝없는 더 많은 소유를 바란다.

예수님은 서머나 교회가 겉보기에는 가난하지만 실제로는 매우 부요하다고 말씀해 주셨습니다. 이것은 서머나 성도들이 지닌 신앙의 신실함을 인정해 주시는 동시에 미래의 축복을 약속해 주시는 말씀입니다. 주님은 오늘날에도 서머나 교회와 비슷한 정황에 놓인 교회들을 이 같은 말씀으로 위로하고 권고하십니다. 하나님의 영원하신 섭리에 비추어 볼 때 인간의 생애가 실로 한순간에 불과하듯이 고난도 잠깐입니다. 현재 당하는 고난은 승리를 향해 가는 한 과정일 뿐입니다. 그러므로 주님은 고난 중에 있는 교회를 향하여 당신께서 승리하신 것처럼 승전할 것을 믿고 담대하라고 권고하십니다.

> 이것을 너희에게 이르는 것은 너희로 내 안에서 평안을 누리게 하려 함이라 세상에서는 너희가 환난을 당하나 담대하라 내가 세상을 이기었노라(요 16:33)

예수님은 서머나 교회가 자칭 유대인들의 비방을 받았지만, 비방하던 그들이 실상은 유대인이 아니라는 것을 아셨습니다.

잔느 귀용은 "유대인이 아니다"라는 의미에 대하여 다음과 같이 설명했습니다(『요한계시록 주석』, 25쪽).

그들은 신실한 사람이라고 불리고 있지만 실제로는 그들의 겉모습뿐이요, 속 마음은 가난한 자들과 영적으로 깊은 사람들을 멸시하고 박해하는 자들이다.

오늘날도 그리스도인이라고 하지만 실제는 그리스도인으로 살지 않는 사람들이 많습니다. 우리는 참 그리스도인으로 인정받고 살아야 합니다.

예수님은 서머나 교회에 무엇을 권면하셨습니까?

예수님은 장차 받을 고난을 두려워하지 말라고 하셨습니다.

너는 장차 받을 고난을 두려워하지 말라 볼지어다 마귀가 장차 너희 가운데에서 몇 사람을 옥에 던져 시험을 받게 하리니…(계 2:10)

마귀가 장차 너희 가운데서 몇 사람을 옥에 던져 시험을 받게 할 텐데, 그때 그것을 보고 두려워하지 말라고 하십니다. 우리 역시 고난의 시험을 믿음으로 능히 이겨야 합니다.

주님은 시험과 환난을 받으리라고 하셨습니다.

> 너는 장차 받을 고난을 두려워하지 말라 볼지어다 마귀가 장차 너희 가운데에서 몇 사람을 옥에 던져 시험을 받게 하리니 너희가 십 일 동안 환난을 받으리라…(계 2:10)

예수님은 서머나 교회에 몇 사람이 시험을 받게 하신다고 하셨습니다. 그리고 10일 동안 환난을 받게 된다고 하셨습니다. 시험하는 기간이 10일입니다. 우리가 알아야 할 것은 시험하려는 것이지 결코 파멸시키려는 것이 아니라는 것입니다. 따라서 시험과 환난을 인내와 믿음으로 승리해야 하겠습니다.

예수님께서는 말세에 큰 환난이 있을 것을 예고하셨습니다.

> 그때에 사람들이 너희를 환난에 넘겨주겠으며 너희를 죽이리니 너희가 내 이름을 위하여 모든 민족에게 미움을 받으리라(마 24:9)

> 이는 그때에 큰 환난이 있겠음이라 창세로부터 지금까지 이런 환난이 없었고 후에도 없으리라(마 24:21)

> 그 날 환난 후에 즉시 해가 어두워지며 달이 빛을 내지 아니하며 별들이 하늘에서 떨어지며 하늘의 권능들이 흔들리리라(마 24:29)

예수님께서 말씀하신 대로 이 세상에는 환난이 올 것입니다. 환난이 올 때 우리가 어떻게 살아야 하는지를 릭 조이너 목사님은 타이타닉 호 참사에 관한 다음의 예화를 통해 교훈해 주고 있습니다(릭 조이너, 『추수의 비전」).

타이타닉 호 참사와 관련하여, 중요한 역할을 한 배가 두 척 있었다. 그것은 캘리포니안 호와 카르파티아 호였다.

캘리포니안 호의 함장은 내성적이고 신중한 사람이었다. 그는 배가 가는 항로에 빙산이 있다는 소식을 듣고 속도를 늦추었다. 그는 빙산을 보고 배를 멈추도록 했고, 날이 밝아 올 때까지 기다리게 했다. 그 배의 무선 라디오 조종사는 위험한 지역에 있는 다른 배들에게 경고를 보내기 시작했다. 타이타닉 호에게도 경고를 보냈다. 저녁 7시 30분, 타이타닉 호는 그 경고를 받고 운전일지에 기록했다.

…캘리포니안 호의 내성적이고 신중하며 전문가다운 함장은 그날 밤 결정으로 자기 배는 구했으나, 나중에 이 신중함은 타이타닉호의 생명들이 그냥 죽어 가도록 하는 데에 일조하기도 했다.

…캘리포니안 호에서 몇 분에 하나씩 화전을 쏘아 올리는 것이었다. 이것은 언제나 바다에서 큰 사고가 났음을 알리는 조난 신호였다. 그런데도 (캘리포니안 호의) 무선 라디오 기사는 잠들어 있었고, 깨어 있던 주변 사람들 역시 자신들의 추측이 맞는지 타이타닉 호에 연락을 취해 보기 위해 기사를 깨울 생각도 안한 것이다.

그날 밤 캘리포니안 호 승무원들과 함장이 그랬던 것처럼, 얼마나 많은 우리들이 그렇게 생명을 구할 수 있는 위치에 있었는데도 불구하고, 할 일을 회피하고 밤새 잠만 잤는지 깨닫고는 충격을 받게 될 것이다.

오늘날 대다수 교회의 태도와 똑같다. 주변 세상이 깊은 곳으로 가라앉을 때, 우리는 수많은 이들을 구할 수 있는데도 순종하지 않고 잠만 잘 것인가 아니면 일어나서 행동을 취할 것인가?

타이타닉 호 함장과 승무원:

타이타닉 호 승무원은 그날 밤 빙산에 대해서 여섯 번이나 경고를 받았지만 모두 무시했다. 이것은 이들이 얼마나 거만하고 안일했는지 보여줄 뿐 아니라 그러한 태도가 함교까지 퍼져 있음을 보여준다. 함장뿐만이 아니고 그것을 받은 전 승무원들이 경고를 받고도 거의 신경 쓰지 않았다. 이러한 태도가 리더십에 파고들 때, 망할 때가 임박한 것이다.

타이타닉 호 승무원들은 그때 대서양 날씨가 잠잠하여 그런 일이 일어날 것을 예상하지 않았다. 타이타닉 호의 한 항해사가 말하기를 바다가 그렇게 고요한 것은 본 적이 없다는 것이다.

주님께서도 이와 같이 경고하셨다. "그들이 평안하다 안전하다 할 그때에…멸망이 갑자기 그들에게 이르리니"(살전 5:3).

타이타닉 호 승무원들이 캘리포니안 호가 보낸 첫 번째 조난 신호에 반응했었더라면, 타이타닉 호에 승선했던 모든 사람들을 구할 수 있었을지도 모른다.

카르파티아 호 함장:

그날 밤 숙명적인 드라마에 나오는 또 다른 배는 카르파티아 호였다. 자정 12시 35분, 카르파티아 호의 무선 라디오 기사가 로스트론 함장의 숙소를 박차고 들어와 타이타닉 호가 빙산에 부딪혔다고 보고했다. 카르파티아의 함장 로스트론은 카르파티아 호를 돌려서 전속력으로 달리라고 명령했다. 이것은 캘리포니안 호의 반응과는 분명하게 반대되는 것이다.

로스트론 함장은 참으로 준비된 사람임을 너무나 잘 보여주었다. 그는 영국 의사를 1등실 식당으로, 이탈리아 의사를 2등실, 헝가리 의사는 3등실로 배치하고, 부상당한 이들과 환자들에게 필요할 수 있는 온갖 장비와 보급물들을 준비했다. 각 선원들마다 맡을 통로를 배치하고 생존자들의 이름을 받아서 무선으로 보내도록 지시했다. 그들은 부상자들을 위해 받침과 줄을 준비하여 의자 보조대를 만들었다. 사람들을 의자에 안전하게 매어 끌어올리는 줄과 작은 배 밧줄과 함께, 가로돛을 당기는 밧줄을 배 측면에 단단히 매었다. 그리고 어떤 선원들에게는 카르파티아 승객들이 필요한 것들을 도와주고, 일하는 데 방해가 되지 않도록 관리하게 했다. 또한 커피며 스프, 음식을 준비하고 모든 선실과 흡연실, 도서관 등을 생존자 숙소로 쓰도록 지정했다. 한편으로는 승무원들을 보내서 승객들에게 상황을 설명하고 침착해지도록 돕게 했다.

이제 로스트론 함장에게 가장 큰 문제로 남은 것은 바로 얼음이었다. 타이타닉 호가 바로 멈춰 서 있는 곳을 향해 그들은 전속력으로 가고 있었다. 그는 배와 승객들이 위험을 당하지 않도록 모든 조치를 취했다.

돛대 위의 망대에 사람을 하나 더 두었고, 뱃머리와 함교의 각 좌우익에도 두 사람을 더 두었다. 그리고 자신이 함교에 서 있었다. 그의 2등 항해사 제임스 비셋은 함장이 마지막으로 가장 중요한 조취를 취하는 것을 보았다. 그가 기도를 드리는 것이었다.

새벽 2시 45분, 비셋은 첫 번째 빙산을 보고 그것을 피하여 계속해서 갔다. 그 후로 한 시간 동안 피해서 간 빙산만 다섯 개였다.

새벽 4시, 그들은 타이타닉 호가 마지막으로 신호를 보낸 곳에 도착했고 구명정들을 구조하기 시작했다.

해가 뜨자, 기가 막힌 장면이 드러났다. 시야에 들어오는 바다는 온통 빙산으로 가득했던 것이다. 망루에서들 그렇게 지켜보았는데도 보이지 않던 수많은 빙산을 카르파티아 호는 어느새 다 지나갔던 것이다.

그 많은 것들을 어떻게 다 피해서 지나갔는지 아무도 상상할 수 없었다. 오직 로스트론 함장만이 그 이유를 알았다. 그를 도우신 하나님을 로스트론 함장은 잘 알고 있었던 것이다.

어려운 생존자 구조 작업이 질서 있게 잘 진행되었고, 평화가 다스리고 있었다. 카르파티아의 승객들은 자기희생 정신으로 도왔다. 1등실 승객들은 생존자들에게 숙소를 내어주고 다른 이들도 최선을 다해 돕기 시작했다. 이 세상 온 바다에서 일어난 일 중 가장 끔찍했던 비극의 그 어두운 밤에, 카르파티아의 선장과 승무원, 승객들은 용기와 장렬함으로 밝게 빛났다.

그들은 이제 이 땅에 떨어질 비극과 상실의 밤에, 주님께서 우리를 부르신 역할을 보여주었다. 누가 그랬던 것처럼 잠에 빠지지 말아야 한다. 또 지금 바다가 고요하다고 해서 속지 말아야 한다.

카르파티아 호의 함장 아더 로스트론은 빠른 결단력을 가진 사람으로 알려져 있었고, 밑에서 일하는 사람들에게 힘을 주는 사람이었다. 그는 신실한 기독교인이었고, 기도를 열심히 하는 사람이었다.

우리는 환난을 준비해야 합니다. 다니엘 선지자가 선견하여 이야기하였던 다음과 같은 백성이 되어야 합니다.

오직 자기의 하나님을 아는 백성은 강하여 용맹을 떨치리라 (단 11:32).

또한 우리는 환난을 대비하는 믿음이 있어야 하겠습니다.

이것을 너희에게 이르는 것은 너희로 내 안에서 평안을 누리게 하려 함이라 세상에서는 너희가 환난을 당하나 담대하라 내가 세상을 이기었노라 하시니라(요 16:33)

소망 중에 즐거워하며 환난 중에 참으며 기도에 항상 힘쓰며(롬 12:12)

우리의 모든 환난 중에서 우리를 위로하사 우리로 하여금 하나님께 받는 위로로써 모든 환난 중에 있는 자들을 능히 위로하게 하시는 이시로다(고후 1:4)

주님은 죽도록 충성하라고 하셨습니다.

• 생명의 면류관은 죽도록 충성한 자에게 주십니다.

네가 죽도록 충성하라 그리하면 내가 생명의 면류관을 네게 주리라 (계 2:10)

성경에는 여러 종류의 면류관이 소개되고 있습니다. '생명의 면류관' (약 1:12), '썩지 않는 면류관' (고전 9:25), '자랑의 면류관' (살전 2:19), '의의 면류관' (딤후 4:8), '영광의 면류관' (벧전 5:4) 등이 있습니다.
　이 면류관은 믿음으로 구원받은 성도에게 그의 충성에 따라 주시는 상급입니다. 이것은 성도들이 영생의 세계에서 받을 영광과 상급의 여러 측면을 표시한 것입니다.

생명의 면류관은 죽도록 충성하는 자가 받습니다. 자기 생명을 그리스도보다 더 중히 여기는 사람은 결코 순교할 수 없습니다. 죽도록 충성한다는 것은 그리스도를 위해 자기 목숨을 바치는 것을 뜻합니다. 성도들은 이제 생명을 주께 드리는 일을 결단해야 합니다. 자기를 부인하고 의와 진리를 위해 몸을 바치기로 결단해야 합니다.

- 생명의 면류관은 모든 고난을 견딘 자에게 주십니다.

> 시험을 참는 자는 복이 있도다 이에 옳다 인정하심을 받은 후에 주께서 자기를 사랑하는 자들에게 약속하신 생명의 면류관을 얻을 것임이니라 (약 1:12)

생명의 면류관을 받을 수 있는 믿음은 마귀의 핍박과 시험을 이긴 연단된 믿음입니다. 예수님을 믿는 것에는 치열한 투쟁이 필요합니다. 죄의 종으로 마귀 수하에 있던 사람이 예수님을 믿음으로 인해 죄로부터 해방되고 생명으로 옮겨지면, 하나님의 나라는 확장되는 것이며 마귀의 영토는 그만큼 축소되는 것입니다. 따라서 사탄은 최대한으로 예수 믿는 것을 방해하지 않을 수 없습니다. 그래서 성도들에게는 급격한 사탄의 핍박이 따라오는 것입니다. 생명의 면류관은 이러한 사탄의 핍박을 참고 견딘 자에게만 돌아가는 상급입니다. 따라서 성도들은 주님을 따르되 끝까지 따라야 합니다. 환난을 견디고(롬 8:17-18), 믿음을 지켜야 합니다(딤후 4:7).

• 생명의 면류관은 신실한 성도에게 주십니다.

충성이란 뜻의 헬라어 '피스토스'는 '신실한'이란 의미를 지닙니다. 이것은 하나님의 진리와 사랑을 깨닫고 그것을 정직하게 지키며 성실히 전파한다는 의미입니다(고전 4:1-2 참조).

따라서 우리가 하나님의 충성된 일꾼이 되기 위해서는 먼저 정직하지 않으면 안 됩니다. 온갖 위선과 거짓 행위를 제거하지 않고는 참된 하나님의 일꾼이 될 수 없습니다. 오늘날에는 양의 옷을 입고 성도들에게 접근하는 위선된 하나님의 일꾼들이 많습니다. 예수께서도 이러한 자들이 우리의 주위에 버젓이 존재함을 경계하시면서, 그들은 성도들로 호감을 사게 한 후 자기들의 탐욕을 채우는 이리와 같은 존재라고 하셨습니다(마 7:15).

주님은 이러한 자들에게 상급은커녕 그들과 함께 거할 수도 없으니 "불법을 행하는 자들아 내게서 떠나가라"(마 7:23)고 명하실 것이라고 하셨습니다. 우리가 생명의 면류관 받기에 합당한 자가 되기를 바란다면 모든 탐욕과 거짓을 버린 신실한 일꾼, 신실한 이웃이 되어야 합니다. "청결한 마음과 선한 양심과 거짓이 없는 믿음으로 나는 사랑"(딤전 1:5)으로 충성할 때 성도들은 면류관을 보장받습니다.

이기는 자에게 주시는 축복은 무엇입니까?

귀 있는 자는 성령이 교회들에게 하시는 말씀을 들을지어다 이기는 자

는 둘째 사망의 해를 받지 아니하리라(계 2:11)

예수님께서는 이기는 자는 둘째 사망의 해를 받지 않는다고 하셨습니다.

둘째 사망은 무엇입니까?

둘째 사망(second death)은 사람이 죽은 다음에 심판날에 심판받고 그 죄로 인하여 처벌받게 되는 영원한 죽음을 말합니다(계 2:11; 20:6, 14; 21:8).

또한 둘째 사망은 요한계시록에서만 보여지는 종말론적 표현으로서 '영원한 죽음'을 의미하고, 악인이 최후에 처벌되어 하나님으로부터의 영원한 분리 상태에 들어가는 것을 가리킵니다.

요한계시록에 의하면 둘째 사망이란 "불과 유황으로 타는 못"(계 21:8), "불못"(계 20:14)에 던져지는 일입니다. 둘째 사망에서 심판을 받는 이들은 우상 숭배자들, 믿지 아니하는 자들, 악을 행하는 자들, 또는 생명책에 기록되지 못한 자들입니다. "사망과 음부"도 둘째 사망에서 면제되는 일은 없다고 하였습니다.

우리가 꼭 알아야 할 것은 고난을 받으면서도 죽도록 충성한 자에게는 "생명의 면류관"이 주어지고 영원히 산다는 것입니다. 즉 둘째 사망에 의해 멸망되는 일은 없습니다(계 2:10-11).

하나님을 믿은 것으로 인하여 환난을 받는 자와 영원토록 하나님과 함께 생활하는 사람과 이기는 사람은 둘째 사망이 없습니다(계 21:3-4).

내가 들으니 보좌에서 큰 음성이 나서 이르되 보라 하나님의 장막이 사람들과 함께 있으매 하나님이 그들과 함께 계시리니 그들은 하나님의 백성이 되고 하나님은 친히 그들과 함께 계셔서 모든 눈물을 그 눈에서 닦아 주시니 다시는 사망이 없고 애통하는 것이나 곡하는 것이나 아픈 것이 다시 있지 아니하리니 처음 것들이 다 지나갔음이러라(계 21:3-4)

이기는 자는 둘째 사망의 해인 영적 죽음으로 인해 고통을 당하지 않고 영원한 삶을 사는 것입니다.
우리는 하나님을 믿는 신앙 때문에 당하는 시험과 환난을 반드시 이겨서 생명의 면류관을 받고, 둘째 사망인 지옥에 가지 않고 천국에서 영생을 누려야 하겠습니다.
주님께서 서머나 교회에 주신 메시지를 잘 기억하여 어떤 시험과 환난이 와도 주님을 더욱 신뢰하고 경외함으로 충성하여 생명의 면류관을 얻으시기를, 또한 지옥에서 고통을 당하는 둘째 사망을 받지 않고 하나님의 나라에서 아버지와 예수님과 함께 영생을 누리시기를 축원합니다.

Chapter 3

Pergamum

버가모 교회

버가모 교회의 사자에게 편지하라 좌우에 날선 검을 가지신 이가 이르시되 네가 어디에 사는 것을 내가 아노니 거기는 사탄의 권좌가 있는 데라 네가 내 이름을 굳게 잡아서 내 충성된 증인 안디바가 너희 가운데 곧 사탄이 사는 곳에서 죽임을 당할 때에도 나를 믿는 믿음을 저버리지 아니하였도다 그러나 네게 두어 가지 책망할 것이 있나니 거기 네게 발람의 교훈을 지키는 자들이 있도다 발람이 발락을 가르쳐 이스라엘 자손 앞에 걸림돌을 놓아 우상의 제물을 먹게 하였고 또 행음하게 하였느니라 이와 같이 네게도 니골라 당의 교훈을 지키는 자들이 있도다 그러므로 회개하라 그리하지 아니하면 내가 네게 속히 가서 내 입의 검으로 그들과 싸우리라 귀 있는 자는 성령이 교회들에게 하시는 말씀을 들을지어다 이기는 그에게는 내가 감추었던 만나를 주고 또 흰 돌을 줄 터인데 그 돌 위에 새 이름을 기록한 것이 있나니 받는 자밖에는 그 이름을 알 사람이 없느니라(계 2:12-17)

버가모 교회는
어떤 교회입니까?

버가모(Pergamum)는 에베소에서 약 4백 리 떨어진 곳에 위치한 도시로서, 헬라 제국이 붕괴하여 생긴 '셀류시드' 왕조 때는 왕국의 수도였습니다. 그 후 주전 133년경에 시리아가 로마에 합병되면서 버가모는 아시아 지방의 수도가 되었습니다. 따라서 버가모를 문화와 종교의 중심지라 해도 과언이 아니었습니다. 역사상 버가모는 로마의 요충지이자 로마정부의 수도였습니다. 버가모의 통치권 내에는 희랍의 신인 제우스를 위한 2백 피트 높이의 제단이 세워져 있었습니다. 버가모는 아스클레피우스(Aesclepius) 숭배의 중심지였습니다. 아스클레피우스는 치유의 신으로 그 상징물은 뱀이었습니다. 버가모 교회는 초기 아시아 교회의 일곱 교회 중의 하나로 황제 숭배에 대해 투쟁하였습니다.

예수 그리스도께서는 말씀을 보내는 교회마다 그 교회의 특징과 형편에 따라 교회에 권면하시기 위해 가장 적절한 모습을 적절하게 나타내셨습니다.

예수님은 버가모 교회에
어떤 모습으로 오셨습니까?

예수님은 좌우에 날선 검을 가지고 오셨습니다.

버가모 교회의 사자에게 편지하라 좌우에 날선 검을 가지신 이가 이르시되(계 2:12)

예수님은 버가모 교회에게는 '좌우에 날선 검을 가진' 분으로 말씀하십니다. 특별히 예수 그리스도께서 좌우에 날선 검을 가진 분으로 나타나신 것은 버가모 교회가 하나님의 말씀으로 신앙의 적들과 싸워야 했기 때문입니다. 또한 이것은 오늘날 성도들이 말씀 위에 바로 서야 한다는 경고이기도 합니다.

하나님의 말씀은 살았고 운동력이 있어 좌우에 날선 어떤 검보다도 예리하여 혼과 영과 및 관절과 골수를 찔러 쪼개기까지 하며 또 마음의 생각과 뜻을 감찰하나니(히 4:12)

예수님의 입에서 나오는 날선 검은 힘과 능력이 있습니다.

그 오른손에 일곱 별이 있고 그 입에서 좌우에 날선 검이 나오고 그 얼굴은 해가 힘 있게 비취는 것 같더라(계 1:16)

그의 입에서 이한 검이 나오니 그것으로 만국을 치겠고 친히 저희를 철장으로 다스리며 또 친히 하나님 곧 전능하신 이의 맹렬한 진노의 포도주 틀을 밟겠고(계 19:15)

여기서 우리가 알아야 할 것은 예수님께서 가지신 검은 하나님의 말씀의 검으로 공격과 방어를 할 수 있는 무기라는 것입니다. 그리고 그것은 '날선' 검 입니다. 하나님의 말씀은 날선 검과 같이 우리의 심령을 치유하기도 하고, 원수 마귀를 무찌르는 가장 강력한 무기이기도 합니다.

예수님은 능력의 검으로 박해 속에 있는 사람들을 구해 내십니다. 그리고 말씀의 검은 잘못된 교훈과 가르침을 파쇄하십니다. 예수님은 날선 검을, 가장 능력 있는 검을 가진 분이십니다. 이 검으로 원수를 파하고 하나님의 말씀으로 승리하게 하십니다.

우리는 성령의 검인 하나님의 말씀으로 무장하여야 합니다.

구원의 투구와 성령의 검 곧 하나님의 말씀을 가지라(엡 6:17)

예수님은 우리가 어디에 살고 있는지를 아시는 분이십니다.

예수님은 우리가 어떤 상황 가운데 어떻게 살고 있는지 아시는 전지전능하신 분이십니다.

우리가 어디에 있는지 바로 아는 것은 참으로 중요합니다. 그리고 우리 교회의 실상을 바로 알고 점검하여야 합니다.

탐 아처(Tom Archer)는 "잠자는 거인(The sleeping giant)"이란 예언적인 글을 통해 그리스도인과 교회에 관해 받은 귀한 메시지를 소개하고 있습니다(『모닝스타 코리아』 18호).

1941년 12월 7일, 일본이 진주만을 습격했다. 미군은 일본군의 습격에 대한 경고를 이미 여러 차례 받은 적이 있었다. 그러나 그 죽음의 주일 아침을 위해 그들은 아무런 대비책도 세워 놓지 않았다. 그로 인해 미군은 처참한 패배의 고통을 맛보고 말았다. 그럼에도 불구하고 미국의 병력은 대실패의 참사를 떨치고 일어나 단호히 적군과 맞서 싸움으로 승리를 쟁취해 냈다. 이로써 세계의 정세는 완전히 뒤바뀌었다. 진주만 사건은 우리에게 수많은 영적 교훈들을 시사해 준다.

안타깝게도 오늘날의 교회가 이와 거의 흡사한 상황에 놓여 있는 듯하다. 과거에 미군을 괴롭힌 문제들은 오늘날 우리들도 괴롭힐 수 있다.

교만: 미군은 자신들의 자연적인 병력과 정체성, 주변 환경에 대한 안보력을 신뢰했다. 이러한 약점은 아래에 나열된 모든 다른 증상들의 토대가 되었다.

무기력: 무감각, 졸음, 무관심의 영이 당시 진주만에 주둔하던 병력들 위에 팽배해 있었던 듯하다. 지도자들이 행동을 개시하지 않았을 때, 지도자들에 의존되어 있던 그들은 무능력한 상태로 머물러 있을 수밖에 없었다. 의사결정 시스템도 최고 수준의 지배권으로만 제한되어 있었다.

거짓 안전: 미국 정부는 숱한 경고를 무시함으로써 결국 위험을 분별해 내지 못했다. 적군은 이를 빌미로 불시에 습격해 들어왔다.

과신: 미군은 자기들의 병력을 당할 상대는 결코 없다고 확신했다. 뿐만 아니라 적군의 능력에 대해서도 전혀 관심을 기울이지 않았다. 이 모든

요인들이 실패를 예고하고 있었다.

일상적인 대비 부족: 기습공격을 받은 이후, 한 조사 위원회가 미 해군을 지휘하고 있던 해군대장과 미 육군을 지휘하고 있던 군사령관을 해임시켰다. 위원회는 이들이 침공을 받기 전 미리 적절한 방어대책을 사용하지 못한 것에 대해 문책했다.

구시대적인 전략들: 항공모함이 해전에서 지배적인 병력의 자리를 유지하면서 떠 있었다. 그럼에도 불구하고 미 해군 지도력은 다가오는 변화를 감지하지 못했다. 그들은 전함들이야말로 함대가 지닌 힘이라고 생각했다. 일본 항공모함이 가진 치명적인 잠재력을 깨닫지 못했으므로, 안전하다고 여기는 항구에 전함들을 남겨 놓았다. 이것이 결국은 죽음의 함정이 되었다.

방심: 일본은 주일 아침을 공격 날짜로 잡았다. 그들은 미군의 전부대원들이 토요일 밤이면 늦게까지 사교모임에 참석한다는 사실을 알고 있었다.

부적절한 경쟁: 두 개의 주요병력인 해군과 육군은 태평양 지역의 국익 보호책임을 공유하고 있었다. 목적을 달성하기 위해 이들은 서로 협력해야 했다. 그러나 이들은 서로 경쟁을 벌였고, 결국 함께 패배의 고통을 맛보았다.

탐 아처는 주님께서 주시는 예언적 메시지로 오늘날 교회의 실상에 대해 다음과 같이 경고하였습니다.

우리는 오늘날과 같은 전략적인 시기에 주님이 주시는 예언적 경고들에 주의해야 한다. 그렇지 않으면 교회는 1941년 미군이 겪은 처참한 운명을 맞이하게 될 수도 있다. 잇사갈의 자손들은 "시세를 알고 이스라엘이 마땅히 행할 것을 아는" 자들이었다(대상 12:32).

우리도 현재 우리가 살아가고 있는 시기와 우리의 형편 그리고 교회가 어디에 있는지 중요성을 바로 분별하고, 결코 방심하지 말고 시세를 바로 알고 대비하고 살아야 한다. 예수님은 우리가 원수의 책략에 무지한 자가 되는 것을 원치 않으신다(고후 2:11).

시기의 징조들을 분별하라.
우리는 지금 마지막 시대를 살아가고 있다. 오늘날은 인류 역사상 가장 전략적인 시기이다. 우리가 반드시 알아야 할 것이 있다. 주님은 이미 주님의 교회를 위해 놀라운 일을 행하려는 계획을 세워 놓으셨다. 원수는 주님의 계획을 방해하려고 호시탐탐 기회만 노린다. 우리가 때를 분별하고, 행할 바에 대해 주님의 지시를 따른다면, 우리는 교회가 필요로 하는 풍부한 예언적 리더십을 제공해 주는 자들이 될 것이다.

늘 깨어 있으라.
우리의 관심사는 앞으로 공격을 받을지도 모른다는 사실이 아니다. 다만 공격이 언제 있을 것이냐가 중요하다. 전쟁은 이미 시작되었다. "근신하라 깨어라 너희 대적 마귀가 우는 사자같이 두루 다니며 삼킬 자를 찾나니"(벧전 5:8).

세상 속으로 들어가라.

항구는 생각만큼 안전한 곳이 아니다. "이같이 너희 빛을 사람 앞에 비취게 하여 저희로 너희 착한 행실을 보고 하늘에 계신 너희 아버지께 영광을 돌리게 하라"(마 5:16).

타락한 자들을 회복시키라.

원수의 공격으로 타락한 크리스천들이라 할지라도, 다시 회복되어 향후의 악의 공격에 대한 주님의 강력한 도구로 쓰일 수 있다. 주님은 지금 회복의 사역을 수행하고 계신다. 주님은 '널리 용서해 주시는' 분이다(사 55:7). 이 마지막 때에 우리도 주님의 회복사역에 동참하여야 한다.

예수님께서는 우리가 사는 이 세상과 그 지역의 영적인 상태가 어떠한가를 알고 계십니다. 어떤 지역에 있든, 어떤 상황에 있든지 간에 늘 깨어서 충성된 삶을 살아야 하겠습니다.

예수님은 버가모 교회에 무엇을 칭찬하셨습니까?

네가 어디에 사는 것을 내가 아노니 거기는 사탄의 권좌가 있는 데라 네가 내 이름을 굳게 잡아서 내 충성된 증인 안디바가 너희 가운데 곧 사탄이 사는 곳에서 죽임을 당할 때에도 나를 믿는 믿음을 저버리지 아니하였도다(계 2:13)

예수님께서는 안디바가 박해 가운데서도 예수님을 믿는 믿음을 끝까지 지킨 것을 칭찬하셨습니다.

예수님께서는 충성된 증인 안디바가 죽음을 당할 때에도 예수님을 믿는 믿음을 저버리지 아니한 것을 칭찬하셨습니다. "네가 그리스도인의 믿음을 저버리지 아니하였고 거기서 떠나지도 아니하였도."
주님의 충성된 증인 안디바가 이들 가운데서 죽임을 당할 때에도 버가모 교회는 흔들리지 않았습니다. 안디바는 사탄이 거하는 곳에서 자기 피로 자기의 신앙과 충성에 인을 쳤습니다.

안디바는 누구입니까?

안디바는 아시아 지방의 첫 순교자입니다. 터툴리안(Tertullian)은 이 사람을 버가모의 실제적 순교자로 여깁니다. 어떤 전설에 의하면, 안디바는 버가모 교회의 강직한 감독이었는데, 그의 명성이 높아지자 로마 황제를 예배하는 종파에게 잡혀 놋으로 만든 가마 속에서 태워 죽임을 당했다고 합니다.
우리는 사탄이 있는 곳에서도, 죽음 앞에서도 하나님의 임재와 하나님을 경외하는 믿음을 저버리지 않아야 합니다. 다시 말하면, 마귀가 역사하는 곳에서 믿음을 배반하지 않고 끝까지 믿음으로 살아야 합니다. 하나님을 믿는 믿음으로 순교하는 신앙으로 승리하여야 합니다.

예수님은 버가모 교회에 무엇을 책망하셨습니까?

그러나 네게 두어 가지 책망할 것이 있나니 거기 네게 발람의 교훈을 지키는 자들이 있도다 발람이 발락을 가르쳐 이스라엘 자손 앞에 걸림돌을 놓아 우상의 제물을 먹게 하였고 또 행음하게 하였느니라 이와 같이 네게도 니골라 당의 교훈을 지키는 자들이 있도다(계 2:14-15)

발람의 교훈을 지키는 자를 책망하셨습니다.

• 발람의 교훈이란 무엇입니까?

발람은 이스라엘 백성이 약속의 땅에 도착하고서부터 암몬 · 모압과의 국제 관계에 얽혀 등장하는 인물입니다. 발람(Balaam)은 '탐식가' 라는 뜻의 이름을 가진 사람으로, 유브라데 강변에 있는 메소보다미아의 브돌 주민인 브올의 아들이고 술사(術士)입니다(민 22:5, 신 23:4, 수 13:22).

발람은 요단 계곡에 진을 치고 있던 이스라엘을 향해 그들의 하나님의 이름으로 저주하기 위해 모압 왕 발락의 초청을 받았습니다. 그때 하나님께서는 발람에게 "너는 그들과 함께 가지도 말고 그 백성을 저주하지도 말라. 그들은 복을 받은 자니라"고 말씀하시며 가는 것을 허락하시지 않아 처음에는 거절했습니다. 그러나 발락이 또 다시 고관들을 보내 많은 선물을 주고 "높여 크게 존귀케" 해주겠다는 말에 나귀를 타고 떠났습니다. 그는 보상에 눈이 어두워져 좋은 예언이 임할 것을 기대하고 떠

났으나 하나님께서는 진노하셨습니다.

발람의 눈에는 보이지 않았지만, 그가 타고 가던 나귀의 눈에는 하나님의 사자가 길을 가로막아 선 것이 보였습니다. 나귀가 놀라 앞으로 나아가지 않으니, 발람은 노하여 채찍질을 하였습니다.

그때 나귀는 하나님의 그릇이 되어 다음과 같이 말하였습니다.

여호와께서 나귀 입을 여시니 발람에게 이르되 내가 당신에게 무엇을 하였기에 나를 이같이 세 번을 때리느냐 발람이 나귀에게 말하되 네가 나를 거역하기 때문이니 내 손에 칼이 있었다면 곧 너를 죽였으리라 나귀가 발람에게 이르되 나는 당신이 오늘까지 당신의 일생 동안 탄 나귀가 아니냐 내가 언제 당신에게 이같이 하는 버릇이 있었더냐 그가 말하되 없었느니라(민22:28-30)

발람이 여호와의 사자를 보도록 허락되자 위험을 알고 되돌아가려고 했으나, 그 대신 이번에는 여호와의 사자의 말을 따라 하나님의 대언자라는 조건으로 발락에게로 갔습니다. 아르논 부근에서 발락을 만나 이튿날 아침 바알의 산당에 올라가 제단을 쌓고 번제를 드려 하나님의 말씀을 받았습니다. 그것은 저주가 아니고 축복이었습니다. 그래서 모압 왕 발락은 실망하여 비스가 산에서 또다시 번제를 드렸으나, 결과는 전과 마찬가지의 예언이었습니다. 세 번째로는 브올 산에 올라갔으나, 이번에도 이스라엘의 축복과 모압·에돔의 파멸에 관한 예언이었습니다. 발락은 대노하여 발람에게 아무런 보수도 주지 않았습니다.

이 사건 후에 얼마 동안 발람의 모습이 나타나지 않다가, 다시 이스라엘을 부패시키는 자로 등장합니다. 이스라엘이 우상숭배로 기울어지면 하나님의 진노가 임한다는 것을 시사했는데, 이제 그 계략이 이루어진 모양입니다. 이스라엘은 우상숭배로 떨어졌습니다.

> 보라 이들이 발람의 꾀를 따라 이스라엘 자손을 브올의 사건에서 여호와 앞에 범죄하게 하여 여호와의 회중 가운데에 염병이 일어나게 하였느니라(민 31:16)

여기서 우리가 반드시 알아야 할 것은 발람의 교훈입니다. 우리는 발람의 길과 교훈이란 무엇인가 바르게 알고 물리쳐야 합니다.

'발람의 길(way of Balaam)'이란 '돈만 아는' 탐욕스런 모습을 의미합니다. 이들은 하나님께서 주신 은사를 상업적인 목적으로 사용하려는 동기를 품은 자들입니다.

'발람의 교훈(teaching of Balaam)'이란 돈을 벌기 위해 사역하라고 부추기고, 그리스도의 몸에게 성별과 고귀함을 버리고 세상의 가치를 추구하라고 조언합니다.

발람은 우상의 제물을 먹게 할 뿐만 아니라 행음하게 한 것입니다. 하나님께서 가장 싫어하시는 일을 한 것입니다.

바울도 이러한 갈등에 대해 다음과 같이 언급했습니다.

> 누가 철학과 헛된 속임수로 너희를 노략할까 주의하라 이것이 사람의 유전과 세상의 초등 학문을 좇음이요 그리스도를 좇음이 아니니라(골 2:8)

주님은 버가모 교회 중에 니골라 당의 교훈을 지키는 자들을 책망하셨습니다.

이와 같이 네게도 니골라 당의 교훈을 지키는 자들이 있도다(계 2:15)

주님께서는 에베소 교회에게 말씀하실 때에도 니골라 당의 행위를 미워한다고 하셨는데, 버가모 교인들 가운데서도 니골라 당의 교훈을 지키는 자가 있다고 책망하셨습니다.

오직 네게 이것이 있으니 네가 니골라 당의 행위를 미워하는도다 나도 이것을 미워하노라(계 2:6).

주님께서는 니골라 당의 악한 영의 영향력을 미워하셨습니다. 우리도 역시 이 영을 미워해야 합니다.

- 우리는 '니골라 당의 교훈이란 무엇인가?'를 바로 알고 물리쳐야 하겠습니다.

니골라 당은 초대교회 이단의 한 당으로 우상의 제물을 먹거나 음행을 해도 구원 받은 성도에게는 죄가 되지 않는다고 주장하였습니다.

니골라 당의 논리는 버가모 성도들을 미혹시키고 거짓 교훈으로 신앙과 육정을 혼동시켜 속임수로 타락하게 하는 것이었습니다. 버가모 교회 성도들은 여러 가지 주변 여건들로 인해 본의 아니게 우상의 제물을 먹기도 하고 이로써 우상 숭배에 참여하는 죄를 짓기도 했습니다. 이렇게 범죄의 올무에 걸려든 성도들은 자신의 죄악된 행위 때문에 자책감을 느끼며 괴로워했습니다. 신앙의 연조가 짧고 믿음이 깊지 못한 성도들은 스스로 자포자기하여 교회를 떠나기도 했습니다. 니골라 당은 이러한 허점을 노려 버가모 교회 안에 침투했던 것입니다. 실수로 지은 육체의 죄과로 고민하는 성도들에게 육체의 죄는 영혼의 구원에 영향을 끼치지 않는다는 니골라 당의 주장은 상당한 호응을 얻었습니다. 그리고 몇몇 성도들은 이 교훈을 받아들여 육정을 충족시키는 삶을 살면서 이것이 오히려 담대한 신앙을 표현하는 것인 양 자기를 과시하기까지 하는 정황에 이르렀습니다.

인간은 육정을 좇아 살기 쉬운 연약한 속성을 지닌 존재입니다. 그래서 오늘날에도 육정과 신앙을 혼동시켜 성도들을 타락하게 하는 니골라 당의 교훈은 여러 형태로 존속합니다. 이러한 거짓 교훈은 인간을 멸망으로 끌고 가려 하는 사탄의 속임수임을 성도들은 알아야 합니다.

사도 바울은 음행하는 자들에 대하여 강력하게 경고했습니다.

이 말은 이 세상의 음행하는 자들이나 탐하는 자들과 토색하는 자들이나 우상 숭배하는 자들을 도무지 사귀지 말라 하는 것이 아니니 만일 그리하려면 세상 밖으로 나가야 할 것이라 이제 내가 너희에게 쓴 것은 만일 어떤 형제라 일컫는 자가 음행하거나 탐람하거나 우상 숭배를 하거나 후욕하거나 술 취하거나 토색하거든 사귀지도 말고 그런 자와는 함께 먹지도 말라 함이라(고전 5:10-11)

음행을 피하라 사람이 범하는 죄마다 몸 밖에 있거니와 음행하는 자는

자기 몸에게 죄를 범하느니라(고전 6:18)

사도 바울은 음행과 함께 불의와 거룩하지 못한 생활을 하는 사람, 회개하지 않고 계속 그 일을 하는 자들은 하나님의 나라에 들어가지 못한다고 말씀하셨습니다.

육체의 일은 분명하니 곧 음행과 더러운 것과 호색과 우상 숭배와 주술과 원수 맺는 것과 분쟁과 시기와 분냄과 당 짓는 것과 분열함과 이단과 투기와 술 취함과 방탕함과 또 그와 같은 것들이라 전에 너희에게 경계한 것같이 경계하노니 이런 일을 하는 자들은 하나님의 나라를 유업으로 받지 못할 것이요(갈 5:19-21)

음행과 온갖 더러운 것과 탐욕은 너희 중에서 그 이름조차도 부르지 말라 이는 성도에게 마땅한 바니라 누추함과 어리석은 말이나 희롱의 말이 마땅치 아니하니 오히려 감사하는 말을 하라 너희도 정녕 이것을 알거니와 음행하는 자나 더러운 자나 탐하는 자 곧 우상 숭배자는 다 그리스도와 하나님 나라에서 기업을 얻지 못하리니 누구든지 헛된 말로 너희를 속이지 못하게 하라 이로 말미암아 하나님의 진노가 불순종의 아들들에게 임하나니 그러므로 그들과 함께 하는 자가 되지 말라(엡 5:3-7)

모든 사람은 혼인을 귀히 여기고 침소를 더럽히지 않게 하라 음행하는 자들과 간음하는 자들을 하나님이 심판하시리라(히 13:4)

우리는 이제 주님 안에 거하고 빛의 자녀들처럼 행하며, 착함과 의로움과 진실함으로 살아야 합니다.

너희가 전에는 어둠이더니 이제는 주 안에서 빛이라 빛의 자녀들처럼 행하라 빛의 열매는 모든 착함과 의로움과 진실함에 있느니라(엡 5:8-9)

폴 키스 데이비스 목사님은 니골라 당에 대하여 다음과 같이 이야기합니다(폴 키스 데이비스, 『추수의 천사들』).

한때 어떤 주석가들은 니골라 당이란 니골라라는 이름을 가진 한 사람의 지배 하에서 거짓된 교리를 좇던 일단의 무리들을 말한다고 믿었다. 물론 이들의 주장이 일면 옳은 구석은 있다. 그러나 이들의 견해를 뒷받침할 만한 신빙성 있는 역사적 사건을 쉽게 찾아볼 수 없다. 오히려 새롭게 들어온 이 강력한 영적 원수는 하나님의 목적에 지극히 해로운 거짓 영일 가능성이 높다. 하나님께서는 공공연히 이 영을 싫어한다고 말씀하신다. 니골라 당의 영은 성령님과는 전혀 상반된 동기를 지닌 타락한 형태의 리더십을 상징한다. 성령님은 언제나 사람들을 이끌어 주 예수님께 인도한다. 반면, 거짓 영들은 사람들로 하여금 인생을 변화시키는 주님의 임재 및 주님으로부터 자꾸 멀어지게 한다.

니골라 당의 영의 첫 번째 관심은 분리와 정복이다. 니골라 당의 영의 일차적인 목적은 주님의 몸을 리더십에 대한 주님의 섭리로부터 멀어지게 만드는 데 있다. 이 영은 교회로 하여금 진정한 영적 권위가 지닌 통찰에서 분리시키려고 애를 쓴다. 일반적으로 니골라 당의 영은 자신의 목적을 이루기 위해, 성경에 기초하고 성령에 의해 세움 받은 리더십을 박해하고 고발한다.

이러한 대립구도로 인해 사람들은 두 부류, 곧 성직자와 평신도로 구분된다. 이제 교회 안에는 '우리와 그들'이라는 입장이 형성되기 시작한다.… 니골라 당의 영은 이러한 개념을 무산시키고 사역자들을 분리시킨다. 이 영은 지도자들로 하여금 섬기기보다 지배하고 군림하라고 부추긴다. 주님은 이런 식의 관리체제와 이런 일을 행하는 자들을 미워하신다고 하셨다. 달리 말해, 주님의 몸 된 교회 안에는 '평신도'들 위에 군림하여 거짓 권위를 행사하는 위협적이고 지배적이며 권력에 목말라 하는 지도자들이 없어야 한다.

폴 키스 데이비스 목사님은 니골라 당의 영을 정복하는 법을 다음과 같이 가르쳐 줍니다.

진정으로 성령 충만하여 급진적으로 주님만을 추구하는 신자들은, 경건한 리더십과 상담과 지도를 기꺼이 받아들인다. 이러한 자세는 귀신의 올무에 대한 안전한 그물망이요, 성장의 발판이다. 분명 모든 세대가 확고한 리더십을 필요로 하고 있다. 이러한 설명을 드리는 것은 참과 거짓을 구분하는 영적인 영향력들은 어떤 특징을 가지고 있는지를 밝히기 위함이다. 성경은 우리에게 감각들을 사용하여 선과 악을 분별할 수 있을 정도로 계속 성숙해지라고 권고한다.

성경은 신자에게 있는 제사장직에 대해서도 분명히 말씀한다. 모든 사람은 각자 성자 예수님을 통해 성부 하나님께 나아갈 수 있는 권리를 가지고 있다. "오직 너희는 택하신 족속이요 왕 같은 제사장들이요 거룩한 나라요 그의 소유된 백성이니 이는 너희를 어두운 데서 불러내어 그의 기이한 빛에 들어가게 하신 자의 아름다운 덕을 선전하게 하려 하심이라"(벧전 2:9).

바울도 이러한 위험에 대해 경고했습니다. "너희는 자기를 위하여 또는 온 양떼를 위하여 삼가라 성령이 저들 가운데 너희로 감독자를 삼고 하나님이 자기 피로 사신 교회를 치게 하셨느니라 내가 떠난 후에 흉악한 이리가 너희에게 들어와서 그 양떼를 아끼지 아니하며 또한 너희 중에서도 제자들을 끌어 자기를 좇게 하려고 어그러진 말을 하는 사람들이 일어날 줄을 내가 아노니"(행 20:28-30).

오비 팍스 해리(Obii Pax-Harry)는 버가모의 영적인 계시를 다음과 같이 알려줍니다(『예언적 계약, 잇사갈의 명령』).

버가모가 지닌 영적 역동성 중에 반드시 언급해야 할 중요한 사항이 있다. 바로 죽음의 영과의 연관성이다. 최초의 버가모는 '사탄의 왕좌가 있는' 곳이었다. "거기는 사탄의 위가 있는 데라 네가 내 이름을 굳게 잡아서 내 충성된 증인 안디바가 너희 가운데 곧 사탄의 거하는 곳에서 죽임을 당할 때에도 나를 믿는 믿음을 저버리지 아니하였도다"(계 2:13). 예수님은 버가모 교회의 사자에게 쓴 편지에서 아주 중요한 하나의 무기를 계시해 주셨다. 이 무기는 최초의 버가모와 동일한 영적 기후 및 동일한 견고한 진을 보이는 도시와 나라들에 사는 성도들을 위한 것이다. 사탄의 왕좌가 있는 데서 하나님의 한 충성된 종이 죽음의 영을 무찌르기 위해 목숨을 내어 놓은 사실은 매우 흥미롭다. 사탄은 죽음의 영으로서, 죽이고 도둑질하고 멸망시키는(요 10:10) 속성을 지녔다.

예수님은 버가모 교회에 회개할 것을 권면하셨습니다.

그러므로 회개하라 그리하지 아니하면 내가 네게 속히 가서 내 입의 검으로 그들과 싸우리라(계 2:16)

예수님은 버거모 교회 교인들에게 회개를 촉구하셨습니다. 죄를 진 사람들과 함께 교회와 공동체가 회개해야 한다는 의미이며, 이것은 하나님의 명령입니다.

예수님은 발람의 죄를 따라 사는 것과 니골라 당의 우상과 음행의 죄들을 회개하지 않으면, 하나님의 말씀으로 심판하신다고 하셨습니다. 오늘날도 하나님보다 다른 것을 더 사랑하는 것과 부정한 죄를 반드시 회개하여야 하겠습니다.

이기는 자가 받는 축복은 무엇입니까?

귀 있는 자는 성령이 교회들에게 하시는 말씀을 들을지어다 이기는 그에게는 내가 감추었던 만나를 주고 또 흰 돌을 줄 터인데 그 돌 위에 새 이름을 기록한 것이 있나니 받는 자밖에는 그 이름을 알 사람이 없느니라(계 2:17)

이기는 자에게는 감추었던 만나를 주신다고 하셨습니다.

만나는 무엇입니까?
- 만나(Manna)는 출애굽 후의 이스라엘 백성이, 광야에서 40년간 유랑 중에 먹었던 음식입니다.

사람이 사는 땅에 이르기까지 이스라엘 자손이 사십 년 동안 만나를 먹었으니 곧 가나안 땅 접경에 이르기까지 그들이 만나를 먹었더라 (출 16:35)

만나는 이스라엘 백성이 광야생활로 음식물이 부족하다고 신 광야에서 불평하며 원망하고 있을 때, 하나님께서 하늘로부터 비같이 내린 양식이었습니다(출 16:4). 깟씨 같기도 하고, 희고 맛은 꿀 섞은 과자 같았습니다(출 16:31, 민 11:8).

이 만나는 이스라엘 백성이 요단 강을 건넌 후 길갈에 진치고, 가나안 땅의 소산물을 먹게 된 때에 그쳤습니다.

또 이스라엘 자손들이 길갈에 진 쳤고 그 달 십사일 저녁에는 여리고 평지에서 유월절을 지켰으며 유월절 이튿날에 그 땅의 소산물을 먹되 그 날에 무교병과 볶은 곡식을 먹었더라 또 그 땅의 소산물을 먹은 다음날에 만나가 그쳤으니 이스라엘 사람들이 다시는 만나를 얻지 못하였고 그 해에 가나안 땅의 소출을 먹었더라(수 5:10-12)

- 만나는 하나님의 입에서 나오는 말씀입니다.

너를 낮추시며 너를 주리게 하시며 또 너도 알지 못하며 네 열조도 알지 못하던 만나를 네게 먹이신 것은 사람이 떡으로만 사는 것이 아니요 여호와의 입에서 나오는 모든 말씀으로 사는 줄을 네가 알게 하려 하심이니라(신 8:3)

- 만나는 예수님이 주시는 생명의 떡으로 영생하게 하는 것입니다.

예수님께서도 만나에 대해 친히 다음과 같이 말씀하셨습니다.

기록된바 하늘에서 그들에게 떡을 주어 먹게 하였다 함과 같이 우리 조상들은 광야에서 만나를 먹었나이다 예수께서 이르시되 내가 진실로 진실로 너희에게 이르노니 모세가 너희에게 하늘로부터 떡을 준 것이 아니라 내 아버지께서 너희에게 하늘로부터 참 떡을 주시나니 하나님의 떡은 하늘에서 내려 세상에 생명을 주는 것이니라(요 6:31-33)

내가 곧 생명의 떡이로다 너희 조상들은 광야에서 만나를 먹었어도 죽었거니와 이는 하늘에서 내려오는 떡이니 사람으로 하여금 먹고 죽지 아니하게 하는 것이니라 나는 하늘에서 내려온 살아 있는 떡이니 사람이 이 떡을 먹으면 영생하리라 내가 줄 떡은 곧 세상의 생명을 위한 내 살이니라 하시니라(요 6:48-51)

- 숨겨진 만나는 예수님 자신과의 친밀함입니다.

예수님께서는 이기는 자에게 숨겨진 만나를 주신다고 하셨습니다.

잔느 귀용은 숨겨진 만나가 "예수님 자신과의 친밀함"이라고 하였습니다 (『요한계시록 주석』, 29쪽).

그것은 바로 당신 자신이 아니십니까? 그것은 당신과의 친밀함이며, 이 친밀함을 통하여 예수님은 당신 안에 있는 숨겨진 비밀을 우리에게 주십니다. 이 만나는 거룩한 믿음의 장막 속에 감추어져 있습니다. 오, 거룩한 믿음의 장막 속에 감추어져 있습니다.

예수님께서는 이기는 자에게 하나님의 말씀, 생명의 양식을 주실 뿐만 아니라 자신과 친밀함을 주신다고 약속하셨습니다. 우리에게 가장 필요한 것은 생명의 양식과, 예수님과의 친밀함입니다.

이기는 자에게는 흰 돌을 주고 그 돌 위에 이름을 기록한 것이 있다고 하셨습니다.

흰 돌은 믿음의 싸움에서 이긴 신자들에게 주어진 상급으로 주십니다. 흰 돌은 무엇입니까?

• **죄로부터 사면 받은 자인 것을 의미합니다.**
매튜 헨리는 그의 책 『요한계시록 주석』에서 흰 돌은 "죄로부터의 사면, 무죄 판결이자 양자로서의 새 이름이다"라고 기록했습니다.

위에 새 이름이 새겨져 있는 흰 돌: 이 흰 돌은 죄로부터의 사면 선언으로서, 재판에서 무죄 판결을 받은 자에게 흰 돌을, 유죄 판결을 받은 자에게 검은 돌을 준 고대의 풍습이 암시되어 있다. 새 이름은 양자로서의 이름이다. 자기 외에는 아무도 입양의 증거를 읽어내지 못한다. 받는 자밖에는 그 이름을 알 사람이 없느니라.

- **주님의 거룩한 침묵과 하나님 안에 새로운 생명을 가지는 것을 의미합니다.**

잔느 귀용은 흰 돌을 "주님의 거룩한 침묵"이라고 하였습니다(『요한계시록 주석』, 29-30쪽).

당신은 역시 이기는 자에게 당신의 흰 돌을 주십니다. 이것은 거룩한 당신의 침묵입니다. 성도들은 바로 이 거룩한 침묵과 침묵의 은혜 가운데서 성장합니다. 그리고 당신은 그 돌 위에 새 이름을 기록하십니다. 그 새하얀 돌 위에 이름을 파서 기록하십니다. 그 돌은 침묵을 의미하며 순결을 증명합니다. 거기에 이름을 새긴 자는 곧 하나님 안에서 새로운 생명을 가진 자를 의미합니다. 이러한 이름은 당신의 믿음의 조상이며 신실한 영혼의 소유자인 아브라함에게 주었고, 사라에게 주었고, 이스라엘에 주었고, 베드로와 바울에게 주었습니다. 하나님 자신이 준 이름보다 더 귀한 이름은 이 세상에 없습니다. 오 주님, 당신은 이곳에서 위대하고 놀라운 말씀을 선포하셨습니다. 누가 이것을 이해할 수 있겠습니까? 단지 경험한 자만이 알 수 있습니다.

이기는 자에게는 주님께서 흰 돌을 주십니다. 그리고 그 돌 위에 새 이름을 기록하십니다. 그 새하얀 돌 위에 이름을 파서 기록하십니다. 이 이름은 곧 하나님 안에서 새로운 생명을 가진 자를 의미합니다.

우리는 귀 있는 자로 성령님께서 오늘날 교회에 주시는 말씀을 바로 듣고 순종하여, 하나님께서 주시는 영적인 만나와 흰 돌 위에 새 이름을 기록한 것을 받는 축복을 누려야 합니다.

Chapter 4

Thyatira
두아디라 교회

두아디라 교회의 사자에게 편지하라 그 눈이 불꽃 같고 그 발이 빛난 주석과 같은 하나님의 아들이 이르시되 내가 네 사업과 사랑과 믿음과 섬김과 인내를 아노니 네 나중 행위가 처음 것보다 많도다 그러나 네게 책망할 일이 있노라 자칭 선지자라 하는 여자 이세벨을 네가 용납함이니 그가 내 종들을 가르쳐 꾀어 행음하게 하고 우상의 제물을 먹게 하는도다 또 내가 그에게 회개할 기회를 주었으되 자기의 음행을 회개하고자 하지 아니하는도다 볼지어다 내가 그를 침상에 던질 터이요 또 그와 더불어 간음하는 자들도 만일 그의 행위를 회개하지 아니하면 큰 환난 가운데에 던지고 또 내가 사망으로 그의 자녀를 죽이리니 모든 교회가 나는 사람의 뜻과 마음을 살피는 자인 줄 알지라 내가 너희 각 사람의 행위대로 갚아 주리라 두아디라에 남아 있어 이 교훈을 받지 아니하고 소위 사탄의 깊은 것을 알지 못하는 너희에게 말하노니 다른 짐으로 너희에게 지울 것은 없노라 다만 너희에게 있는 것을 내가 올 때까지 굳게 잡으라 이기는 자와 끝까지 내 일을 지키는 그에게 만국을 다스리는 권세를 주리니 그가 철장을 가지고 그들을 다스려 질그릇 깨뜨리는 것과 같이 하리라 나도 내 아버지께 받은 것이 그러하니라 내가 또 그에게 새벽 별을 주리라 귀 있는 자는 성령이 교회들에게 하시는 말씀을 들을지어다
(계 2:18-29)

두아디라 교회는
어떠한 곳입니까?

두아디라는 소아시아의 서쪽 고대의 루디아 지방의 성읍인데, 버가모에서 동남쪽으로 60킬로미터 떨어진 헤르무스 강의 북방에 펼쳐져 있는 기름진 평야에 위치하며, 이 땅은 소아시아의 어느 성읍보다도 일찍 동업 조합이 조직되어 발전되었다고 합니다.

두아디라 교회의 신자들은 그 지방 조합의 지도에 따라 우상과 관계된 연석(宴席)에 끌려서 참예하는 경우가 있었습니다. 그렇게 된 경우에는 그들이 우상의 제물을 먹었을 뿐만 아니라 우상숭배자들과 함께 음란한 일에까지 유인되었을 수 있습니다. 그리하여 우상의 제물을 먹는 것과 음행 같은 것을 거리낌 없이 행하는 사람들이 있었던 것 같습니다.

두아디라 하면 기억나는 사람이 있습니다. 두아디라 성읍의 출신으로 자주(紫紬, 명주) 장사하는 루디아가 있었습니다. 루디아는 하나님을 공경하고 바울의 말을 청종할 뿐 아니라, 저와 그 집 식구들이 다 세례를 받고 바울을 자기 집에 초청하였습니다.

> 두아디라 시에 있는 자색 옷감 장사로서 하나님을 섬기는 루디아라 하는 한 여자가 말을 듣고 있을 때 주께서 그 마음을 열어 바울의 말을 따르게 하신지라 그와 그 집이 다 세례를 받고 우리에게 청하여 이르되 만일 나를 주 믿는 자로 알거든 내 집에 들어와 유하라 하고 강권하여 머물게 하니라(행 16:14-15)

예수님은 두아디라 교회에
어떤 모습으로 오셨습니까?

예수님은 그 눈이 불꽃 같고 그 발이 빛난 주석과 같은 하나님의 아들로서 두아디라 교회에 말씀하셨습니다.

> 두아디라 교회의 사자에게 편지하라 그 눈이 불꽃 같고 그 발이 빛난 주석과 같은 하나님의 아들이 이르시되(계 2:18)

두아디라 교회에 말씀하신 예수님의 모습을 요한계시록 1장 13-16절에서 더 자세하게 볼 수 있습니다.

> 촛대 사이에 인자 같은 이가 발에 끌리는 옷을 입고 가슴에 금띠를 띠고 그의 머리와 털의 희기가 흰 양털 같고 눈 같으며 그의 눈은 불꽃 같고 그의 발은 풀무불에 단련한 빛난 주석 같고 그의 음성은 많은 물소리와 같으며 그의 오른손에 일곱 별이 있고 그의 입에서 좌우에 날선 검이 나오고 그 얼굴은 해가 힘있게 비치는 것 같더라

예수님의 모습은 영광스러운 모습입니다. 그분은 인간을 향하여 거룩하고 강렬한 사랑을 보여주고 계십니다. 예수님께서는 발에 끌리는 옷을 입고 가슴에 금띠를 띠고 있는 왕의 모습입니다. 예수님의 머리와 털이 흰 양털 같고 눈 같다는 것은 죄 없는 정결하고 거룩한 모습을 의미합니다.

예수님의 눈은 불꽃 같은 모습입니다. 예수님은 사람의 영혼을 꿰뚫어 보실 뿐만 아니라 마음 깊은 곳을 다 보실 수 있습니다. 예수님은 불꽃 같은 사랑의 눈으로 보고 계십니다.

주석가 매튜 헨리는 예수님의 눈이 불꽃 같다는 것은 "만인과 만물을 꿰뚫어 보시는 주님의 통찰력을 뜻한다"라고 해석하였습니다.

예수님은 주석과 같은 발로 오셨습니다. 주석으로 덮인 발로 오신 것은 예수님께서 겸손으로 오셨다는 것입니다. 그리고 예수님은 발에서 발하는 불빛과 눈에서 발하는 거룩한 불꽃으로 온 세상을 밝히려 오셨습니다.

매튜 헨리는 그 발이 빛난 주석과 같다는 것을 다음과 같이 해석하였습니다. "그 발이 빛난 주석과 같다는 말은 그분이 완벽한 지혜로 판단하시기 때문에 완벽한 힘을 가지고 한결같이 행동하신다는 뜻이다."

예수님의 음성은 맑은 물소리와 같습니다. 예수님은 순전하시며 맑고 깨끗하시며 고요하게 정확한 음성으로 말씀하십니다.

예수님의 손에 일곱 별이 있습니다. 예수님은 일곱 교회 사자를 통치하시는 분입니다. 하나님의 교회의 지도자들은 예수님의 능력의 손 안에 있습니다.

예수님의 입에는 좌우에 날선 검이 있습니다. 예수님의 입에서 나오는 말씀은 예리하여 혼과 영과 우리의 골수와 심령을 깨뜨리십니다.

예수님의 얼굴은 해처럼 힘있게 빛나고 있습니다. 예수님의 빛에는 하나님의 영광이 가득합니다. 예수님은 큰 영광의 하나님과, 하나님의 아들로서 두아디라 교회에 말씀하셨습니다.

예수님은 두아디라 교회에
무엇을 칭찬하셨습니까?

내가 네 사업과 사랑과 믿음과 섬김과 인내를 아노니 네 나중 행위가 처음 것보다 많도다(계 2:19)

예수 그리스도께서는 두아디라 교회에 대해 여러 가지로 칭찬하셨습니다.

예수님께서는 사업을 안다고 하셨습니다. 그들에게는 사업을 하는 분명한 목적이 있었습니다. 예수님께서는 그들이 서로 사랑하면서 신앙생활을 하는 것을 아셨습니다. 또한 예수님께서는 그들이 하나님을 신실하게 믿는 것과 섬기는 것도 아셨습니다.

그들이 믿음 안에서 인내하는 것을 아셨습니다. 예수님께서는 두아디라 교인들의 신앙은 열매 맺는 신앙이었다는 것을 아셨습니다. 그것은 두아디라 교인들의 나중 행위가 처음 것보다 나았던 것에서 알 수 있습니다.

우리는 처음도 좋아야 하지만 나중 행위가 처음의 신앙생활보다 더 좋아져야 하고, 이뿐 아니라 항상 최상의 삶으로 살아야 하겠습니다.

예수님은 두아디라 교회에
무엇을 책망하셨습니까?

예수님께서는 두아디라 교회를 여러 가지로 칭찬하시고 난 다음에 다음과 같이 책망하셨습니다.

> 그러나 네게 책망할 일이 있노라 자칭 선지자라 하는 여자 이세벨을 네가 용납함이니 그가 내 종들을 가르쳐 꾀어 행음하게 하고 우상의 제물을 먹게 하는도다 또 내가 그에게 회개할 기회를 주었으되 자기의 음행을 회개하고자 하지 아니하는도다 볼지어다 내가 그를 침상에 던질 터이요 또 그와 더불어 간음하는 자들도 만일 그의 행위를 회개하지 아니하면 큰 환난 가운데에 던지고 또 내가 사망으로 그의 자녀를 죽이리니 모든 교회가 나는 사람의 뜻과 마음을 살피는 자인 줄 알지라 내가 너희 각 사람의 행위대로 갚아 주리라(계 2:20-23)

예수님께서 두아디라 교회에 무엇을 책망하셨는지를 바로 알고 귀한 교훈을 삼아야 하겠습니다.

예수님께서는 자칭 선지자라고 하는 이세벨을 용납한 것을 책망하셨습니다.

> 그러나 네게 책망할 일이 있노라 자칭 선지자라 하는 여자 이세벨을 네가 용납함이니 그가 내 종들을 가르쳐 꾀어 행음하게 하고 우상의 제물을 먹게 하는도다(계 2:20)

두아디라 교회에 칭찬을 아끼지 않으신 주님은 두아디라 교회의 잘못에 대해서도 단호하게 책망하십니다. 그것은 자칭 선지자라 하는 여자 이세벨을 용납한 것입니다. 즉 예수님의 종들을 유혹하여 행음하게 하고 우상의 제물을 먹게 한 것입니다.

이세벨은 누구입니까?

이세벨은 북이스라엘 아합 왕(B.C. 874-853 통치)의 아내입니다. 이세벨은 이방신인 바알을 숭배함으로 이스라엘을 영적으로 타락하게 하여 하나님을 노하게 한 여자입니다.

> 유다의 아사 왕 제 삼십팔년에 오므리의 아들 아합이 이스라엘의 왕이 되니라 오므리의 아들 아합이 사마리아에서 이십이년 동안 이스라엘을 다스리니라 오므리의 아들 아합이 그의 이전의 모든 사람보다 여호와 보시기에 악을 더욱 행하여 느밧의 아들 여로보암의 죄를 따라 행하는 것을 오히려 가볍게 여기며 시돈 사람의 왕 엣바알의 딸 이세벨을 아내로 삼고 가서 바알을 섬겨 예배하고 사마리아에 건축한 바알의 신전 안에 바알을 위하여 제단을 쌓으며 또 아세라 상을 만들었으니 그는 그 이전의 이스라엘의 모든 왕보다 심히 이스라엘 하나님 여호와를 노하시게 하였더라(왕상 16:29-33)

아합은 이스라엘의 가장 악한 왕이었습니다. 이스라엘 사람은 주변 국가들과 결혼하지 말라는 하나님의 명령에 불순종하여, 이교도 공주인 이세벨을 아내로 맞이하여 바알 신을 허용하였습니다. 이세벨의 아버지의 이름인 엣바알은 그들의 신의 이름을 따른 것이며, 이세벨은 바알은 물론이고 사랑과 다산 그리고 전쟁의 여신인 아세라를 숭배하게 하였습니다. 이들의 종교는 기본적으로 다산을 위한 미신으로 아이를 제물로 바치고, 사악하고 음란한 숭배 행위와 함께 이성애와 동성애 모두를 포함하여 다산을 비는 의식을 행하는 비도덕적인 거짓 종교이자 우상 종교였습니다. 이세벨은 아합 왕을 바알과 아세라 거짓 종교로 개종하게 하고, 이스라엘 백성들을 도덕적으로 타락하게 하는 것과 함께 우상숭배의 늪으로 빠뜨렸습니다. 이세벨은 거짓 여선지자로 우상숭배와 음란한 제사의식에 참여하도록 유혹하였습니다.

또한 이세벨은 주의 종들을 수없이 탄압하였으며, 하나님의 말씀을 왜곡시켜 많은 사람들로 바알을 숭배하도록 만든 여자입니다. 이세벨은 경건한 하나님의 선지자들을 죽였습니다. 아합의 궁내대신이었던 오바댜가 두 개의 굴속에 백 명을 숨겨 안전하게 보살폈습니다. 이들과 엘리야 선지자를 제외하고는 모두 죽임을 당했습니다. 나중에는 엘리야 선지자도 죽이려고 하였습니다.

아합이 엘리야가 행한 모든 일과 그가 어떻게 모든 선지자를 칼로 죽였는지를 이세벨에게 말하니 이세벨이 사신을 엘리야에게 보내어 이르되 내가 내일 이맘때에는 반드시 네 생명을 저 사람들 중 한 사람의 생명과 같게 하리라 그렇게 하지 아니하면 신들이 내게 벌 위에 벌을 내림이 마땅하니라 한지라 그가 이 형편을 보고 일어나 자기의 생명을 위해 도망하여 유다에 속한 브엘세바에 이르러 자기의 사환을 그곳에 머물게 하고 자기 자신은 광야로 들어가 하룻길쯤 가서 한 로뎀나무 아래에 앉아서 자기가 죽기를 원하여 이르되 여호와여 넉넉하오니 지금 내 생명을

거두시옵소서 나는 내 조상들보다 낫지 못하니이다 하고(왕상 19:1-4)

이세벨은 남편의 권위와 통제력을 조종하기도 했습니다. 아합 왕이 왕궁 옆에 있는 나봇의 포도원을 탐냈습니다. 아합이 나봇에게 돈을 주고 사거나 다른 곳에 더 좋은 포도원을 주겠다고 하였지만, 나봇은 포도원을 내주지 않았습니다. 이때 이세벨은 계략을 가지고, 남편의 권위를 남용하고 거짓말을 하여 의로운 사람인 나봇을 죽였습니다.

그의 아내 이세벨이 그에게 이르되 왕이 지금 이스라엘 나라를 다스리시나이까 일어나 식사를 하시고 마음을 즐겁게 하소서 내가 이스르엘 사람 나봇의 포도원을 왕께 드리리이다 하고 아합의 이름으로 편지들을 쓰고 그 인을 치고 봉하여 그의 성읍에서 나봇과 함께 사는 장로와 귀족들에게 보내니 그 편지 사연에 이르기를 금식을 선포하고 나봇을 백성 가운데에 높이 앉힌 후에 불량자 두 사람을 그의 앞에 마주 앉히고 그에게 대하여 증거하기를 네가 하나님과 왕을 저주하였다 하게 하고 곧 그를 끌고 나가서 돌로 쳐죽이라 하였더라(왕상 21:7-10)

결국 이세벨은 엘리야 선지자에 의해 비참하게 죽을 것을 예언 받게 되고, 그 예언대로 개들이 이세벨을 먹었습니다.

너는 그에게 말하여 이르기를 여호와의 말씀이 네가 죽이고 또 빼앗았느냐고 하셨다 하고 또 그에게 이르기를 여호와의 말씀이 개들이 나봇의 피를 핥은 곳에서 개들이 네 피 곧 네 몸의 피도 핥으리라 하였다 하라 아합이 엘리야에게 이르되 내 대적자여 네가 나를 찾았느냐 대답하되 내가 찾았노라 네가 네 자신을 팔아 여호와 보시기에 악을 행하였으므로 여호와의 말씀이 내가 재앙을 네게 내려 너를 쓸어 버리되 네게 속한 남자는 이스라엘 가운데에 매인 자나 놓인 자를 다 멸할 것이요 또 네 집이 느밧의 아들 여로보암의 집처럼 되게 하고 아히야의 아들 바아사의 집처럼 되게 하리니 이는 네가 나를 노하게 하고 이스라엘에게 범죄하게 한 까닭이니라 하셨고 이세벨에게 대하여도 여호와께서 말씀하여 이르시되 개들이 이스르엘 성읍 곁에서 이세벨을 먹을지라 아합에게 속한 자로서 성읍에서 죽은 자는 개들이 먹고 들에서 죽은 자는 공중의 새가 먹으리라고 하셨느니라 하니(왕상 21:19-24)

엘리야 선지자의 예언대로 아합 왕이 죽고 나서 14년 후에, 예후가 하나님을 향한 열정으로 죄와 우상을 제거하고 아합의 집을 쳐서 이세벨을 파멸시켰습니다.

예후가 일어나 집으로 들어가니 청년이 그의 머리에 기름을 부으며 그에게 이르되 이스라엘 하나님 여호와의 말씀이 내가 네게 기름을 부어 여호와의 백성 곧 이스라엘의 왕으로 삼노니 너는 네 주 아합의 집을 치라 내가 나의 종 곧 선지자들의 피와 여호와의 종들의 피를 이세벨에게 갚아 주리라 아합의 온 집이 멸망하리니 이스라엘 중에 매인 자나 놓인 자나 아합에게 속한 모든 남자는 내가 다 멸절하되 아합의 집을 느밧의 아들 여로보암의 집과 같게 하며 또 아히야의 아들 바아사의 집과 같게 할지라 이스르엘 지방에서 개들이 이세벨을 먹으리니 그를 장사할 사람

이 없으리라 하셨느니라 하고 곧 문을 열고 도망하니라(왕하 9:6-10)

예후가 이스르엘에 오니 이세벨이 듣고 눈을 그리고 머리를 꾸미고 창에서 바라보다가 예후가 문에 들어오매 이르되 주인을 죽인 너 시므리여 평안하냐 하니 예후가 얼굴을 들어 창을 향하고 이르되 내 편이 될 자가 누구냐 누구냐 하니 두어 내시가 예후를 내다보는지라 이르되 그를 내려던지라 하니 내려던지매 그의 피가 담과 말에게 튀더라 예후가 그의 시체를 밟으니라 예후가 들어가서 먹고 마시고 이르되 가서 이 저주 받은 여자를 찾아 장사하라 그는 왕의 딸이니라 하매 가서 장사하려 한즉 그 두골과 발과 그의 손 외에는 찾지 못한지라 돌아와서 전하니 예후가 이르되 이는 여호와께서 그 종 디셉 사람 엘리야를 통하여 말씀하신 바라 이르시기를 이스르엘 토지에서 개들이 이세벨의 살을 먹을지라 그 시체가 이스르엘 토지에서 거름같이 밭에 있으리니 이것이 이세벨이라고 가리켜 말하지 못하게 되리라 하셨느니라 하였더라(왕하 9:30-37)

이세벨은 오늘날 우상숭배와 악행을 일삼는 사악한 여인의 대명사로 사용되고 있습니다. 잔느 귀용은 이세벨의 정체에 대하여 다음과 같이 이야기합니다(『요한계시록 주석』, 34쪽).

이세벨의 정체는 무엇인가? 이 음녀인 이세벨의 정체는 하나님에게서 떠난 타락한 자연의 정체, 인간의 모습을 나타낸다. 그리고 그들의 마음이 세상의 탐욕과 죄악과 쾌락으로 향하는 사람을 상징한다.

이세벨은 반항적이며 농간에 능한 인물입니다. 이세벨은 천만 명이 넘는 이스라엘 사람들을 바알이라는 우상에게 굴복시켰습니다. 주의 언약을 버리고, 주의 단을 헐며, 주의 선지자를 죽인 자가 바로 이세벨입니다. 이세벨은 완고하고 고집이 세며 모든 자들을 휘어잡고 뒤흔들 야망을 가진 여인이었습니다. 이런 이세벨은 하나님의 심판을 받아 개들이 시체를 먹는 비참한 죽음을 맞았습니다.

이세벨의 영이란 무엇입니까?

'이세벨' 이라는 이름의 의미는 '독립적' 이라는 뜻입니다. 이것은 함께 일하기를 거부하고 삶의 동반자가 되기를 거절하며, 상대를 휘어잡고 조종하기 전까지는 누구와 상종하지 않습니다. 때로는 잘 협력하는 척하기도 하지만 이는 차후에 더 많은 이득을 얻기 위한 정략을 사용하는 것이며, 실제로는 아무에게도 순응하지 않습니다.

• 이세벨의 영은 이세벨과 같은 사악한 일을 하는 귀신입니다.
프랜시스 프랜지팬 목사님은 이세벨의 영에 대해 다음과 같이 이야기합니다.

이세벨이라는 인물을 만들어 낸 악령은 이세벨이 이 세상에 태어나기도 전에 이미 존재했다. 물론 이세벨 왕비는 여자이지만 이 악령은 성별이 없다. 악령이 노리는 것은 대부분의 경우 남성 지도자이기는 하지만, 물리적인 힘을 사용하지 않고 농간을 부리는 교묘한 솜씨를 전수시키기에는 여성이 알맞을지도 모르겠다. 이 악령은 특히 남성에게 무시를 당하거나 다양한 학대로(언어폭력이나 성폭력으로) 원한을 품은 여성들을 그 표적으로 삼는다.

- 이세벨의 영은 남성을 여성으로, 여성을 남성으로 변화시키려 하는 불법의 영입니다.

이세벨의 영이 여성에게 불법적인 힘을 주어 남성들을 지배하고 통제, 조종하게 합니다.

- 이세벨의 영이라는 견고한 진은 두려움에 대한 여성의 반응 속에 깊게 뿌리 내려 사람들을 조종하게 합니다.

- 이세벨의 영은 이 세상에서 거칠고 남성 지배적인 것에서 여성들을 보호한다는 명목으로 사탄이 여성에게 역사하는 것입니다.

- 이세벨의 영은 우상을 섬기게 합니다.

이세벨은 이스라엘 백성에게 하나님을 경외하지 못하게 하고, 바알과 아세라 상을 섬기게 하였습니다.

두아디라 교회의 이세벨은 이교도 인물로서 자기의 사상을 가지고 복음을 변절시킨 자입니다.

- 이세벨의 영은 신자들을 미혹하여 음행하게 하고, 우상의 제물을 먹게 합니다.

그러나 네게 책망할 일이 있노라 자칭 선지자라 하는 여자 이세벨을 네가 용납함이니 그가 내 종들을 가르쳐 꾀어 행음하게 하고 우상의 제물을 먹게 하는도다(계 2:20)

자칭 선지자라 하는 여자 이세벨은 신자들을 꾀어 행음하게 합니다. 이세벨의 영은 음란한 방법으로 육적인 힘을 사용하여 지배합니다. 이세벨의 영을 받은 여자라면 남자와 육체적인 관계를 가지지 않고도 홀리는 눈길로써 남자의 마음을 녹여 타락하게 합니다.

이세벨의 영의 유혹을 받으면 음란과 간음을 합니다. 그리고 자기가 믿는 하나님을 믿지 않고, 행음하는 자가 믿은 우상을 섬기게 됩니다.

사도 바울은 다음과 같이 권면하였습니다.

음행과 온갖 더러운 것과 탐욕은 너희 중에서 그 이름조차도 부르지 말라 이는 성도에게 마땅한 바니라 누추함과 어리석은 말이나 희롱의 말이 마땅치 아니하니 오히려 감사하는 말을 하라 너희도 정녕 이것을 알거니와 음행하는 자나 더러운 자나 탐하는 자 곧 우상 숭배자는 다 그리스도와 하나님 나라에서 기업을 얻지 못하리니 누구든지 헛된 말로 너희를 속이지 못하게 하라 이로 말미암아 하나님의 진노가 불순종의 아들들에게 임하나니 그러므로 그들과 함께 하는 자가 되지 말라 너희가 전에는 어둠이더니 이제는 주 안에서 빛이라 빛의 자녀들처럼 행하라 빛의 열매는 모든 착함과 의로움과 진실함에 있느니라(엡 5:3-9)

- 이세벨의 영은 여인의 고집으로 인해 가장이 제 역할을 하지 못하게 합니다.

이세벨의 영은 사람들로 하여금 고집을 부리게 하고, 가장의 권위를 인정하지 못하게 하여 가장이 가장의 지위를 상실하고 무력한 사람이 되게 합니다.

프랜시스 프랜지팬 목사님은 이세벨을 용납하는 아합에 대하여 다음과 같이 알려 주었습니다(『영적 전투의 세 영역』, 172쪽).

이세벨과 동역하는 영이 하나 있습니다. 이 귀신이 하는 일은 사람의 혼을 연약함과 두려움으로 채우는 것입니다. 그의 이름은 아합이며, 그의 본성은 '자신의 권위를 이세벨에게 주는 자' 입니다. 아합의 영은 사람의 마음속에서 무엇이나 용납하며 아량을 보이게 하는 부분을 차지합니다. 그는 이세벨과 씨름에서 거의 약에 취한 듯 맥을 못 춥니다.

- 이세벨의 영은 거짓된 여성의 매력과 육감적인 달콤함으로 유혹하여 넘어지게 합니다.

이세벨의 영을 가진 여성은 거짓된 부드러운 말과 친절, 그리고 육체적인 정욕으로 유혹합니다.

여러 가지 고운 말로 유혹하며 입술의 호리는 말로 꾀므로(잠 7:21)

- 이세벨의 영은 동성연애를 조장합니다.

이세벨의 영은 합법적인 결혼생활을 하지 못하게 불륜과 동성애를 조장하여 부정한 성생활을 하게 합니다.

• 이세벨의 영은 가까운 사람들을 이간질합니다.

이세벨은 하나님과의 친밀한 관계는 물론이고, 교인들 간의 좋은 관계를 이간시킵니다. 사람과 사람을 오해하게 하고 바른 생각을 하지 못하게 합니다. 사람들과 불화를 조장하여 하나 되지 못하게 분열을 일으킵니다.

> 내 사랑하는 형제들아 너희가 알지니 사람마다 듣기는 속히 하고 말하기는 더디 하며 성내기도 더디 하라 사람이 성내는 것이 하나님의 의를 이루지 못함이라(약 1:19-20)

• 이세벨의 영은 지도자들을 두려움과 낙망으로 넘어뜨리게 합니다.

이세벨의 영은 지도자를 유혹하여 부패시키는 일을 합니다. 부패한 지도자들은 백성들까지도 타락하게 합니다. 이세벨의 영이 헤로디아에게 전이되어 엘리야의 영이 임한 요한을 원수로 여기고 죽이려 하였습니다(막 6:19).

이세벨의 영은 하나님의 능력으로 사역하는 사역자들을 넘어뜨리려고 합니다. 엘리야 선지자의 놀라운 영적 승리 후에, 이세벨의 영은 엘리야 선지자의 마음에 두려움을 심었습니다.

> 아합이 엘리야가 행한 모든 일과 그가 어떻게 모든 선지자를 칼로 죽였는지를 이세벨에게 말하니 이세벨이 사신을 엘리야에게 보내어 이르되

내가 내일 이맘때에는 반드시 네 생명을 저 사람들 중 한 사람의 생명과 같게 하리라 그렇게 하지 아니하면 신들이 내게 벌 위에 벌을 내림이 마땅하니라 한지라 그가 이 형편을 보고 일어나 자기의 생명을 위해 도망하여 유다에 속한 브엘세바에 이르러 자기의 사환을 그곳에 머물게 하고 자기 자신은 광야로 들어가 하룻길쯤 가서 한 로뎀나무 아래에 앉아서 자기가 죽기를 원하여 이르되 여호와여 넉넉하오니 지금 내 생명을 거두시옵소서 나는 내 조상들보다 낫지 못하니이다 하고(왕상 19:1-4)

엘리야는 이세벨에 대한 두려움으로 자신의 생명을 살리기 위해 도망갔습니다. 그는 40일 동안 금식하고 기도하고 호렙 산에 도착하였습니다. 호렙 산에서 하나님께서는 엘리야에게 말씀하셔서 그를 다시 바로 세우고 회복시키시면서 사명을 주셨습니다.

여호와께서 이르시되 너는 나가서 여호와 앞에서 산에 서라 하시더니 여호와께서 지나가시는데 여호와 앞에 크고 강한 바람이 산을 가르고 바위를 부수나 바람 가운데에 여호와께서 계시지 아니하며 바람 후에 지진이 있으나 지진 가운데에도 여호와께서 계시지 아니하며 또 지진 후에 불이 있으나 불 가운데에도 여호와께서 계시지 아니하더니 불 후에 세미한 소리가 있는지라 엘리야가 듣고 겉옷으로 얼굴을 가리고 나가 굴 어귀에 서매 소리가 그에게 임하여 이르시되 엘리야야 네가 어찌하여 여기 있느냐 그가 대답하되 내가 만군의 하나님 여호와께 열심이 유별하오니 이는 이스라엘 자손이 주의 언약을 버리고 주의 제단을 헐며 칼로 주의 선지자들을 죽였음이오며 오직 나만 남았거늘 그들이 내 생명을 찾아 빼앗으려 하나이다 여호와께서 그에게 이르시되 너는 네 길을 돌이켜 광야를 통하여 다메섹에 가서 이르거든 하사엘에게 기름을 부어 아람의 왕이 되게 하고 너는 또 님시의 아들 예후에게 기름을 부어 이스라엘의 왕이 되게 하고 또 아벨므홀라 사밧의 아들 엘리사에게 기름을 부어 너를 대신하여 선지자가 되게 하라 하사엘의 칼을 피하는 자를 예후가 죽일 것이요 예후의 칼을 피하는 자를 엘리사가 죽이리라 그러나 내가 이스라엘 가운데에 칠천 명을 남기리니 다 바알에게 무릎을 꿇지 아니하고 다 바알에게 입맞추지 아니한 자니라(왕상 19:11-18)

하나님께서 엘리야 선지자를 회복시키신 것처럼, 이제는 엘리야와 같은 사람을 보내어 회복시키십니다.

보라 여호와의 크고 두려운 날이 이르기 전에 내가 선지자 엘리야를 너희에게 보내리니 그가 아버지의 마음을 자녀에게로 돌이키게 하고 자녀들의 마음을 그들의 아버지에게로 돌이키게 하리라 돌이키지 아니하면 두렵건대 내가 와서 저주로 그 땅을 칠까 하노라 하시니라(말 4:5-6)

- 이세벨의 영의 가장 큰 특징은 지배 혹은 조종입니다.

이세벨의 영을 가진 사람들은 다른 사람과의 관계를 지배하고 통제하려고 합니다. 이세벨의 영의 주 공격 대상은 목사, 사모, 예배 인도자, 장로 그리고 특히 여자들입니다. 특히 남성에게 무시를 당하거나 다양한 학대로 원한을 품은 여성들을 그 표적으로 삼습니다.

• 이세벨의 영은 술수와 주술을 사용합니다.

이세벨은 많은 술수를 통하여 공격합니다. 사람의 마음속에 두려움과 낙심을 일으킴으로써 자기 의심과 혼동 속에 빠지게 합니다. 이세벨은 술수로 엘리야를 공격하였습니다.

> 요람이 예후를 보고 이르되 예후야 평안하냐 하니 대답하되 네 어머니 이세벨의 음행과 술수가 이렇게 많으니 어찌 평안이 있으랴 하더라(왕하 9:22)

이세벨의 영은 '속닥거리는 자' 입니다. 대체로 이세벨의 영은 대담하다기보다는 사람을 꾀거나 유혹합니다. 이 영은 인간의 육신(flesh)을 자극하여 점점 더 치욕스런 유혹에 반응하도록 길들입니다. 그리고 이세벨의 영은 주술로서 양심을 무기력하게 하고 양심을 사라지게 만드는 힘이 있습니다.

프랭크 시나트라(Frank Sinatra)의 서정시인 「주술」(Witchcraft)은 주술에 대하여 잘 설명해 줍니다.

> 머리칼 속으로 파고드는 손가락들
> 은밀하고 매혹적인 저 눈길
> 양심을 벌거벗게 만드는 것,
> 바로 주술이라네.
> 나는 도저히 막아낼 수 없었다네.
> 이토록 뜨거운 열기에

상식인들 무슨 도움이 되랴.
왜냐하면 그것이 주술,
사악한 주술이기 때문이라네.
엄격한 금기인 줄 알면서도
당신이 내 안의 욕구를 자극할 때면
내 마음은 이렇게 대답하네.
"네, 맞아요."
"당신이 원하는 곳으로 나를 이끌어 줘요."

이 노래의 작자인 프랭크 시나트라는 주술이 진정 무엇인지를 잘 알려 주었습니다. "주술은 양심을 벌거벗게 만드는 것"이라고 표현하였습니다.

프랜시스 프랜지팬 목사님은 이세벨의 영에 대하여 주술과 정욕이라고 했습니다(『모닝스타 코리아』 18호).

예수님은 소름끼치는 이 성적인 조종의 가장 큰 원인은 이세벨의 영이라고 말씀하셨다(계 2:20). 서구문화 안에 현저하게 만연된 부도덕은 이 어두움의 주관자의 영향력이 점점 증대되고 있음을 잘 말해 준다. 오늘날 우리가 살아가고 있는 이 세상을 대략 50년 전과 문화적 잣대로 비교해 보면, 현재 서구문명은 확실히 포위되어 있다. 수없이 많은 크리스천들의 방어벽이 무너져 내렸고, 한때 선량했던 무수한 사람들조차 속박 가운데 빠져들었다. 이세벨의 무기고에 단지 정욕만 들어 있는 것은 아니다. 주술도 포함되어 있다. 주술은 양심을 공격함으로 무장 해제시킨다. 예후의 말을 기억하는가? "네 어미 이세벨의 음행과 술수가 이렇게 많으니 어찌 평안이 있으랴"(왕하 9:22).

우리는 지금 이세벨의 영과 '매춘' 및 '주술' 과의 전쟁을 벌이고 있다. 그동안 이세벨의 영의 공격에 패배한 사람들은 마치 자신들이 스스로의 정욕에 질질 끌려 다녔다고 느낄 수도 있다. 이들이 저지른 행동들은 지독할 만큼 어리석은 것들이었다. 이들은 대담하게 하나님께(혹은 마귀에게) 덤벼들었다. 지금 나는 교회 지도자들을 공격하는 싸움에 관해 이야기하고 있다. 도대체 얼마나 더 많은 사람들이 타락을 해야만 우리가 회개와 분별의 필요성을 깨닫게 될까.

• 이세벨의 영은 참된 예언 사역을 하지 못하게 합니다.

이세벨은 거짓 선지자였습니다. 거짓 선지자는 참된 예언적 목소리와 예언 사역의 영향력을 죽이거나 잘라 버려 생명력을 잃어버리게 하여 예수 그리스도의 복음을 전하는 일이나 사명에서 벗어나게 합니다. 이세벨의 영은 하나님의 말씀을 선포하는 것과 예언적 음성을 침묵시키고, 계략으로 하나님의 참 선지자를 죽이려고 합니다. 이세벨의 영은 선지자들과 엘리야가 하나님의 말씀을 선포하고 예언하는 것을 싫어하여 죽였고, 계속 죽이려고 한 것입니다.

이세벨의 영을 대적하여 승리하기 위한 전략은 무엇입니까?

• 이세벨의 영을 용납하고 동조하는 것을 물리쳐야 합니다.

이세벨과의 전쟁에서 승리하기 위해서는 성령님께서 우리가 이세벨의 영을 용납하고 동조하고 있는 것을 밝혀 주시도록 하여, 바로 알아야 합니다. 승리하기 위해서는 이세벨적인 사고를 용납해서는 안 됩니다.

이세벨의 영을 용납하는 예를 프랜시스 프랜지팬 목사님은 다음과 같이 가르쳐 줍니다(『영적 전투의 세 영역』, 171쪽).

> 우리의 교회관이 교회당 건물을 넘어서서 어느 곳에서든지 우리가 따르고 있는 삶의 방식으로까지 넓혀져야만 합니다. 우리가 교회이므로 집에 있을 때에도 여전히 우리는 교회에 있음을 깨달읍시다. 우리가 텔레비전을 켜고 음란한 프로그램을 보고 있을 때도 우리는 여전히 교회에 앉아서 이세벨의 영을 용납하고 있는 것입니다. 만일 한 남편이 고집 센 아내를 두려워하거나 가장으로서의 역할을 할 수 없으면 그가 예배당에 있지 않더라도 그는 여전히 이세벨을 묵인하며 교회에 있는 것입니다.…우리 매일매일의 일상생활에서야말로 우리가 이세벨의 요새들과 맞부딪쳐 이들을 부숴 버려야 합니다.

● 아합의 본성을 정복해야 합니다.

프랜시스 프랜지팬 목사님은 아합의 본성을 이길 수 있는 방법에 관해 다음과 같이 이야기합니다(172쪽).

> 남편을 쥐고 흔드는 것과 여자들을 지나치게 거칠게 지배하는 것입니다.…아합의 핵심은 '남편'이란 칭호와 '가장'이란 직위이지만 실제로 그에게는 권위가 없습니다. 아합이 왕이었을 때 이세벨이 지배했습니다. 자기 집을 경건하고 원수로부터 지킬 수 있는 권위로서 다스리지 못하는 사

람은 다른 곳에서도 영적 권위를 행사할 수 없습니다. 이런 사람은 자신의 두려움을 회개하고 온유함과 인내로 단호하게 자기 집을 바로잡아야 합니다.

• 그리스도의 온유하고 안정된 심령을 가져야 합니다.
프랜시스 프랜지팬 목사님은 이에 대하여 다음과 같이 가르쳐 줍니다(173-174쪽).

여자는 그리스도의 온유하심을 사모함으로써 이세벨의 오만함을 극복합니다.…아내는 하나님께서 세우신 가족의 질서에 대한 하나님의 지혜를 깨달아야 하고, 남편을 그의 머리로서 존경해야 합니다. 만일 미혼이면, 하나님께서 교회에 세우신 권위를 주님께 하듯 복종해야 합니다. 다른 사람들을 섬길 때 보여주는 그녀의 겸손함과 평안함은 이세벨의 본성이 무너졌다는 표시입니다(빌 1:28).
우리가 그리스도 안에서 그의 백성으로 되어질 모습은 이세벨의 영과 정반대입니다. 그녀가 반항적입니까? 우리는 순종해야 합니다. 그녀가 교만하고 오만합니까? 우리는 마음이 온유하고 겸손해야 합니다. 그녀가 지배하는 귀신입니까? 우리는 기꺼이 양보할 줄 알아야 합니다. 이세벨이 사술, 음란, 두려움과 실망을 보냅니까? 우리는 그리스도와 함께 십자가에 못 박힌 삶을 살아서 그리스도의 순결함을 가지며 풍성한 사랑, 우리의 비전에 대한 충만한 믿음으로 살아야 합니다.

우리의 마음의 전투에서 승리하여야 합니다. 원수에 대한 최후의 승리를 보장하는 유일한 단계는 그리스도를 닮는 것입니다. 우리 안에 그리스도의 형상이 이루어지는 것이 이세벨의 영에 대한 확고한 승리의 증거입니다.

- **하나님께서 주신 권위의 책임을 잘 감당하고, 바르게 행사해야 합니다.**

이에 대하여 프랜시스 프랜지팬 목사님은 다음과 같이 이야기합니다(172-173쪽).

권위란 단순히 위임 받은 책임입니다. 누가 우두머리인지가 중요한 것이 아니고, 누가 책임을 지는가가 중요합니다. 하나님으로부터 오는 권위가 세워지는 기반은 하나님의 사랑입니다. 가장은 단순히 그 가족의 상황에 대해 사랑의 책임을 지고 있는 사람입니다. 만일 어떤 사람이 가정에서의 권위를 단지 아내를 지배하는 것으로 본다면, 그 집에서 결코 평안함이 없을 것입니다. 하나님께서는 함께 결정을 내리고 서로의 지혜를 의지하며 친구로서 솔직하고 사랑스런 교제를 즐기는 부부를 원하십니다. 이세벨을 다루는 데 대한 하나님의 해답은 압박의 형태를 뒤집는 것(이세벨의 압박에서 남자의 압박으로)이 아닙니다. 우리의 목표는 안전에 대한 이세벨의 개념을 한 여인이 남편으로부터 따뜻한 사랑을 받을 때 갖게 되는 안전으로 바꾸는 것입니다. 이로써 이 남자는 그리스도를 닮아 가며 이를 통해 이세벨과의 전쟁에서 승리하게 됩니다.

부부가 하나님의 사랑으로 하나님의 말씀에 순종하여 서로 사랑할 때 이세벨의 영은 역사하지 못합니다.

- 이세벨의 영으로부터 자유하게 하는 것은 사랑으로 격려하고 연약함을 포용해 주는 것입니다.

이세벨의 영으로부터 자유하게 하는 것 중에 하나는 경건한 남성과 여성들이 그들의 연약함을 포용해 주고, 여성들을 사랑으로 격려해 주는 것입니다. 또한 이세벨의 영으로부터 자유하게 되기 위해서는 자신의 연약함을 인정해야 합니다. 하나님을 신뢰하고 모든 권리들을 십자가에 못 박고 상처를 준 모든 것들을 십자가에 올려놓아야 합니다.

> 그리스도께서 약하심으로 십자가에 못 박히셨으나 오직 하나님의 능력으로 살아 계시니 우리도 그 안에서 약하나 너희에 대하여 하나님의 능력으로 그와 함께 살리라(고후 13:4)

- 엘리야가 승리한 것처럼 승리해야 합니다.

엘리야 선지자는 갈멜 산에서 바알 선지자와 아세라 선지자 팔백오십 명과 능력 대결을 하였습니다. 엘리야가 하나님께 기도하자, 하나님께서 불로 응답하셔서 그 결과 승리하였습니다.

바알 선지자들이 아침부터 저녁까지 바알의 이름을 불렀으나 아무런 응답이 없었습니다. 그러나 엘리야 선지가가 하나님의 이름을 부르고 기도하였을 때 하나님의 불이 내려 번제물과 나무와 돌과 흙을 태웠습니다. 모든 백성들이 여호와가 하나님이시라고 고백하였습니다. 그리고 엘리야 선지자는 바알 선지자를 잡아 기손 시내에서 죽였습니다.

> 저녁 소제 드릴 때에 이르러 선지자 엘리야가 나아가서 말하되 아브라

함과 이삭과 이스라엘의 하나님 여호와여 주께서 이스라엘 중에서 하나님이신 것과 내가 주의 종인 것과 내가 주의 말씀대로 이 모든 일을 행하는 것을 오늘 알게 하옵소서 여호와여 내게 응답하옵소서 내게 응답하옵소서 이 백성에게 주 여호와는 하나님이신 것과 주는 그들의 마음을 되돌이키심을 알게 하옵소서 하매 이에 여호와의 불이 내려서 번제물과 나무와 돌과 흙을 태우고 또 도랑의 물을 핥은지라 모든 백성이 보고 엎드려 말하되 여호와 그는 하나님이시로다 여호와 그는 하나님이시로다 하니 엘리야가 그들에게 이르되 바알의 선지자를 잡되 그들 중 하나도 도망하지 못하게 하라 하매 곧 잡은지라 엘리야가 그들을 기손 시내로 내려다가 거기서 죽이니라(왕상 18:36-40)

엘리야에게 임하였던 하나님의 능력으로 이세벨의 영을 이길 수 있습니다. 하나님께서는 엘리야의 영을 세례 요한에게 임하게 하셔서 회복을 약속하셨습니다.

이는 그가 주 앞에 큰 자가 되며 포도주나 독한 술을 마시지 아니하며 모태로부터 성령의 충만함을 받아 이스라엘 자손을 주 곧 그들의 하나님께로 많이 돌아오게 하겠음이라 그가 또 엘리야의 심령과 능력으로 주 앞에 먼저 와서 아버지의 마음을 자식에게, 거스르는 자를 의인의 슬기에 돌아오게 하고 주를 위하여 세운 백성을 예비하리라(눅 1:15-17)

만일 너희가 즐겨 받을진대 오리라 한 엘리야가 곧 이 사람이니라(마 11:14) 예수께서 대답하여 이르시되 엘리야가 과연 먼저 와서 모든 일을 회복하리라 내가 너희에게 말하노니 엘리야가 이미 왔으되 사람들이 알지 못하고 임의로 대우하였도다 인자도 이와 같이 그들에게 고난을 받으리라 하시니 그제서야 제자들이 예수께서 말씀하신 것이 세례 요한인 줄을 깨달으니라(마 17:11-13)

이세벨의 영을 이기고 승리하는 엘리야와 엘리사와 예후의 세대가 일어나야 합니다.

• 이세벨의 견고한 진을 파하여야 합니다.

예수님은 마음과 생각을 살피는 분이십니다. 모든 전쟁은 바로 우리의 마음과 생각에서 시작됩니다. 이세벨의 영의 견고한 진은 두려움에 대한 여성의 반응 속에 깊은 뿌리를 내리고 있습니다. 두려움, 신뢰할 수 없음, 사랑을 경험하지 못함으로 견고한 진이 생기게 되고, 미래를 예측할 수 없기 때문에 다른 사람을 조정하려 합니다.

이세벨의 영의 영향을 받고 있는 여성은 자신이 고통을 받고 있는 여성이라는 것을 인정해야 합니다. 이세벨의 영의 영향을 받고 있는 여성들은 다른 사람들을 조종할 수 있는 능력을 포기해야 합니다. 그리고 혼의 생각의 영역에서 새롭게 되어야 합니다. 즉, 우리의 생각과 관련된 것들이 하나님의 말씀과 성령의 능력으로 정화되고 새롭게 되는 과정을 밟아야 합니다.

이세벨의 영으로부터 자유하려면 이세벨적인 혼의 생각들을 자유하게 하여야 합니다. 이것은 우리의 모든 생각을 사로잡아 그리스도께 복종시키는 것으로 가능합니다(고후 10:5).

● 하나님의 무기로 무장하고 감시병을 세워야 합니다.

프랜시스 프랜지팬 목사님은 여기에 대하여 다음과 같이 가르쳐 줍니다(『모닝스타 코리아』 18호).

이 세상은 주술을 '도저히 막아낼 수 없다.' 그러나 하나님의 나라 안에서 살아가는 사람들은 경우가 다르다. "우리의 싸우는 병기는 육체에 속한 것이 아니요 오직 하나님 앞에서 견고한 진을 파하는 강력이라"(고후 10:4). 우리의 무기와 방어벽은 강력하다. 다만 우리는 이것들을 사용해야 한다. 우선 성경은 우리에게 다음과 같이 훈계한다. "무릇 지킬 만한 것보다 더욱 네 마음을 지키라 생명의 근원이 이에서 남이니라"(잠 4:23). 감시인은 원수를 식별하고 공격을 물리치기 위해 훈련되고 무장을 갖춘 사람이다. 지금은 전시 중이다. 우리는 평생토록 전투자세를 갖추고 살아가야 한다. 결단코 죄나 유혹의 희생물이 되어서는 안 된다. 인터넷을 사용할 때에는 감시인으로서 반드시 필터링 소프트웨어 프로그램을 사용하시기 바란다. 반드시 기억하라. 성적 욕망을 채워 주는 장면이 담긴 영화들을 봄으로써 육체적 본성을 만족시키지 마시라. 이런 종류의 중독들은 다만 점점 더 악화되어 갈 뿐이다(롬 1:24-28).

혹시 당신은 현재 죄의 속박 가운데 있는가? 죄의 강도에 따라 원수는 당신의 싸움이 다른 이들로부터 고립되게 만드는 작전을 펼 것이다. 죄를 은폐시키기 위한 노력이야말로 사탄이 우리를 함정에 빠뜨리기 위해 사용하는 덫이다. 당신의 죄를 누군가에게 이야기하라(엡 5:11-13).

만일 일련의 긴 죄의 경력을 가지고 있다면, 정결하게 하고 깨끗하게 하는 과정에 착수하라. 그리하여 "어린양의 피에 그 옷을 씻어 희게"(계

7:14) 하시라. 주님 앞에서 당신의 죄의 목록을 하나하나 자백하라.

지금이야말로 당신 자신을 세워 갈 수 있는 좋은 기회이다. '그리스도의 형상을 이루기 위한 훈련(In Christ's Image Training)'이나 다른 사역 단체들이 제공하는 유사한 프로그램을 활용하시기 바란다. 말씀으로 돌아가라. 성령의 검은 하나님의 말씀이다. 영적 공격들에 맞서 당신의 마음을 지키기 위해 하나님의 말씀의 권세를 사용하라. 전심으로 하나님께 돌아가는 것이야말로 당신이 할 수 있는 가장 중요한 일이다. 주님은 이렇게 약속하셨다. "저가 나를 사랑한즉 내가 저를 건지리라 저가 내 이름을 안즉 내가 저를 높이리라"(시 91:14). 사랑하는 자여, 지금은 당신의 마음에 감시병을 세워야 할 때이다.

● **이세벨의 영을 분별하여 진입로를 차단해야 합니다.**

현재 이세벨의 영은 우리 사회의 거의 모든 부분에서 역사하고 있습니다. 낙태 문제, 부부 문제, 교회 갈등 등…. 이 영이 좋아하는 곳은 어디에나 들어옵니다(계 2:19 이하 참조).

그리스도인은 이세벨의 영을 용납하는 모든 태도와 사고방식, 조정, 통제와 반항에 대해 문들을 열어 준 것을 바로 분별하고, 이세벨의 영을 깨뜨려야 합니다.

루 잉글 목사님은 이세벨의 영을 기도하여 분별하는 것의 필요성을 다음과 같이 가르쳐 줍니다(『엘리야 혁명』, 118-121쪽).

1. 이세벨의 영의 궁극적인 목적은 '통제'하는 것입니다. 모든 생각과 모든 전략과 모든 노력의 목적은 다른 사람의 자리를 빼앗고 차지하기

위함입니다. 보통 가장 선호하는 방법은 적어도 초기에는 매우 미묘하고 잘 드러나지 않게 접근하는 것입니다.

2. 이세벨의 영이 존재하는 목적이 누군가를 통제하는 것이기 때문에 배우자나 목사, 장로, 상사 또는 리더의 자리에 있는 사람 등 특히 권위를 가진 사람들을 목표로 삼습니다. 이는 채우고 싶은 빈 공간을 만들기 위해서입니다.

3. 이세벨의 영은 두려움과 자유분방함과 낙담을 자극시키고, 엘리야가 그랬던 것처럼 종종 영적 리더가 자기 자신의 지정된 자리를 떠나 도망가게 만듭니다. 정부와 민간 기업에서 매년 수백 명의 영적 리더들이 그들을 약하게 만드는 낙담과 혼란, 우울감, 비전의 상실, 절망, 방향감의 상실, 퇴출로 인해 무익함, 패배감, 극도의 피로감, 육체적인 질병, 재정의 부족, 인격적 모멸, 도덕적 실패, 그 밖에 거의 셀 수 없이 많은 다양한 요인들로 인해 사직합니다. 많은 경우 악의적으로 통제하는 영의 소행입니다.

4. 이세벨의 영 아래에 있는 사람들은 종종 태어날 때부터 리더로 태어난 사람들입니다.…그들 중 많은 사람들은 리더십의 소명을 가지고 있습니다. 하지만 개인적인 야망의 문제를 결단코 내려놓지 않기 때문에 그 소명은 왜곡됩니다. 따라서 소명과 야망이 섞이는 현상이 일어납니다.

5. 안전하다고 느끼지 못하고 상처받은 사람들, 그리고 자신의 자아가 필요로 하는 것이 무엇인지 말하고 다니는 사람들은 특히 이 유혹적이고 조종하는 영을 잘 받아들입니다. 그들은 애정 결핍을 채우기 위해 계속해서 지지와 승인을 받으려고 합니다. 그들은 인기를 갈망합

니다. 그들은 다른 사람들에게 필요한 사람이 되기를 원하며 '유리한 위치'에 있고 싶어 합니다. 그렇게 함으로써 다른 사람들이 자기들에게 종속되도록 만들어야 합니다.

6. 이세벨의 영은 사람을 미혹시키며, 극단적으로 미묘하게 작용합니다. 조종하고 통제하는 영의 씨앗은 아첨과 격려, 지지, 그리고 때로는 현명한 상담으로 교묘하게 위장됩니다. 그러나 일단 씨가 뿌려지면 그 씨는 무럭무럭 자라서 멸망의 잡초로 성장합니다.

7. 이세벨의 영의 영향력 아래에 있는 사람은 '아합'이 없이는 그 누구도 효과적으로 움직일 수 없고 도전을 받게 됩니다. 따라서 이세벨의 영은 항상 성격이 유약한 리더, 권력은 있지만 유순한 누군가에게 달라붙으려 합니다.

8. 궁극적으로 이세벨의 영은 항상 '종교의 영' 또는 '정치의 영'과 함께 갑니다. 이세벨의 영은 품위 있고, 정통적이며, 경건한 헌신의 행위라는 가면 뒤에서 작용합니다. 외적으로는 가장 엄격한 순종을 요구할 수도 있습니다.

9. 이세벨의 영이 움직이고 있는 가족은 주로 질서가 없습니다. 혼돈과 혼란과 분열이 하루하루를 다스립니다. 따라서 이세벨이 그 다음 세대에 심는 씨앗은 반항심입니다.

- **항상 깨어 기도하고, 합심해서 기도하며, 전투하는 중보기도를 해야 합니다.**

또한 너희가 이 시기를 알거니와 자다가 깰 때가 벌써 되었으니 이는 이제 우리의 구원이 처음 믿을 때보다 가까웠음이라 밤이 깊고 낮이 가까

웠으니 그러므로 우리가 어둠의 일을 벗고 빛의 갑옷을 입자 낮에와 같이 단정히 행하고 방탕하거나 술 취하지 말며 음란하거나 호색하지 말며 다투거나 시기하지 말고 오직 주 예수 그리스도로 옷 입고 정욕을 위하여 육신의 일을 도모하지 말라(롬 13:11-14)

진실로 다시 너희에게 이르노니 너희 중에 두 사람이 땅에서 합심하여 무엇이든지 구하면 하늘에 계신 내 아버지께서 저희를 위하여 이루게 하시리라(마 18:19)

프랜시스 프랜지팬 목사님은 다음과 같이 기도했습니다(『모닝스타 코리아』 18호).

주 하나님! 주님의 보좌 앞에 겸손히 엎드립니다. 주님은 제 마음을 살피시는 분이며, 제가 어떠한 싸움을 치러 왔는지를 모두 보고 계신 분입니다. 저를 회복시켜 주옵소서. 좀 더 지혜롭게 하옵소서. 원수가 제게 대해 승전가를 부르지 못하게 해주소서. 저를 주님의 성령으로 충만케 하여 주옵소서. 주님 앞에 늘 정결한 마음으로 살아가게 하시고, 마음을 지키게 하여 주옵소서. 예수님의 이름으로 기도합니다. 아멘.

- **사람의 소리나 통제하는 영의 소리를 듣는 것이 아니라, 하나님의 음성을 듣고 하나님의 말씀에 순종해야 합니다.**

사무엘처럼 "주님, 말씀하옵소서 주의 종이 듣겠나이다"(삼상 3:10) 하고, 하나님의 음성을 듣고 순종하는 것입니다. 하나님을 향하여 귀를 기울여 하나님의 음성을 듣고 온전히 순종하는 것이 이세벨의 영을 이길 수 있는 방법입니다.

"내가 내 아버지 집에 있어야 될 줄을 알지 못하셨나이까"(눅 2:48-49). 예수님은 열두 살 되셨을 때 부모님의 통제를 따르지 않고 하나님을 따랐습니다. 그리고 그의 공생애를 보면 하나님을 신뢰할 뿐만 아니라 아버지의 음성을 듣고 아버지의 말씀에 온전히 순종하였습니다.

• 이세벨의 영을 용납한 것을 회개하여야 합니다.

예수 그리스도께서는 이세벨에게 회개할 기회를 주었건만 회개하지 않자, "침상에 던지겠다"고 경고하셨습니다.

> 또 내가 그에게 회개할 기회를 주었으되 자기의 음행을 회개하고자 하지 아니하는도다 볼지어다 내가 그를 침상에 던질 터이요 또 그와 더불어 간음하는 자들도 만일 그의 행위를 회개하지 아니하면 큰 환난 가운데에 던지고 또 내가 사망으로 그의 자녀를 죽이리니 모든 교회가 나는 사람의 뜻과 마음을 살피는 자인 줄 알지라 내가 너희 각 사람의 행위대로 갚아 주리라(계 2:21-23)

이렇듯 사악한 여자 이세벨과 흡사한 인물이 두아디라 교회에서 버젓이 선지자로 활동했습니다. 교회에 있어서는 안 될 인물이 교회에 큰 영향을 끼치는 인물로 활동한 것입니다. 그러나 이러한 이세벨에게 주님은 마치 당신을 배반한 가룟 유다에게 기회를 주셨던 것처럼 회개할 기회를 주셨습니다. 그러나 이세벨은 회개하지 않았습니다. 유다가 회개의 기회를 거절하여 파멸을 자초했던 것처럼, 이세벨도 역시 회개의 기회를 거절함으로써 파멸을 선택한 것입니다.

두아디라 교회의 가장 큰 잘못은 이세벨이라는 거짓 선지자를 용납한 것입니다. 두아디라 교회는 이세벨이라는 거짓 선지자가 활동할 수 있는 영역을 제공했을 뿐만 아니라 그녀에게 동조했습니다.

예수 그리스도께서는 이세벨의 영을 가진 유혹자에 대한 심판에 관하여 말씀하셨습니다. "내가 그를 침상에, 곧 쾌락의 침상이 아닌 고통의 침상에 던질 터이요, 내가 사망, 즉 둘째 사망으로 그를 죽이리라."

이세벨의 영향력을 허용한 것을 주님 앞에 나아가 회개하여야 합니다. 예수 그리스도께서 이 사악한 유혹자들을 멸하시는 목적은 다른 사람들을 교훈하고 그 유혹을 경계하도록 하시려는 것입니다. 우리는 하나님께서 그 행위대로 심판하시는 하나님이심을 알아야 합니다.

이기는 자에게 주시는 축복은 무엇입니까?

이기는 자와 끝까지 내 일을 지키는 그에게 만국을 다스리는 권세를 주리니 그가 철장을 가지고 그들을 다스려 질그릇 깨뜨리는 것과 같이 하리라 나도 내 아버지께 받은 것이 그러하니라 내가 또 그에게 새벽 별을 주리라 귀 있는 자는 성령이 교회들에게 하시는 말씀을 들을지어다
(계 2:26-29)

이기는 자는 예수님과 함께 그의 나라를 다스릴 것입니다.

믿음의 성도들이 몇 가지 능력을 갖게 될 것을 잔느 귀용은 다음과 같이 알려 주었습니다(『요한계시록 주석』, 36쪽).

첫째, 그들은 모든 영혼을 지배할 큰 권능을 갖고 모든 사람 위에 군림할 것이다.
둘째, 그들은 모든 사람을 제압할 큰 능력을 가질 것이다.
셋째, 그들이 죽은 후, 하나님께서는 그들에게 천국을 다스리는 일을 맡길 것이다.
하나님께서는 그들이 이 세상 끝날까지 하나님의 뜻을 지킬 것을 원하신다. 그들이 철장을 가질 것이다. 이것은 무엇을 의미하는 것일까? 이것은 다른 사람을 힘으로 제압하는 능력이 아니다. 이것은 자기 자신에 대한 사랑을 온전히 죽임으로 나타나는 신적인 능력이다.

매튜 헨리는 이세벨의 유혹을 이기는 사람들에게는 하나님께서 만국을 다스릴 수 있는 힘과, 통치권에 알맞는 지식과 지혜를 주신다고 하였습니다.

이세벨의 영의 유혹을 참으며 승리한 신자들에게 약속된 풍성한 상급이 있습니다. 그것은 나머지 세상을 다스리는 매우 큰 힘과 통치권, 즉 만국을 다스리는 권세입니다.

새벽 별을 주리라고 하셨습니다.

'새벽 별'이란 무슨 뜻입니까?
- 새벽 별(샛별, morning star)은 별 중에서도 가장 이른 아침에 나타나는 별입니다.

- 새벽 별은 그 당시에는 권한과 능력을 의미했습니다.
잔느 귀용은 다음과 같이 설명했습니다(『요한계시록 주석』, 36쪽).

이 새벽 별을 가진 성도는 하나님으로부터 그 권한과 능력을 받은 것이다. 그들은 예수님처럼 하나님으로부터 지시를 받고 인도함을 받게 된다. 당신의 주님은 새벽 별과 같이 당신 안에서 하루의 시작을 알리고 오늘 당신이 걸어가야 할 길을 인도하는 밝은 빛이 될 것이다.

- 새벽 별은 예수 그리스도를 의미합니다.

나 예수는 교회들을 위하여 내 사자를 보내어 이것들을 너희에게 증거하게 하였노라 나는 다윗의 뿌리요 자손이니 곧 광명한 새벽 별이라 하시더라(계 22:16)

예수 그리스도께서는 새벽 별로서 영혼 속에 낮, 즉 은혜의 빛과 영광의 빛을 주시는 분이십니다. 우리에게 가장 큰 축복은 새벽 별이신 예수 그리스도를 선물과 상급으로 받는 것입니다.

우리는 예수님께서 두아디라 교회를 칭찬하신 것을 보고 본받아야 합니다. 또한 이세벨의 영은 분별하여 용납하지 말아야 합니다. 우리는 이세벨의 영을 이기는 자가 되어 세상을 다스리는 권세를 받아, 철장을 가지고 강력한 능력으로 승리하여 예수님과 함께 거하며 축복 받는 삶을 살아야 하겠습니다.

Chapter 5

Sardis
사데 교회

사데 교회의 사자에게 편지하라 하나님의 일곱 영과 일곱 별을 가지신 이가 이르시되 내가 네 행위를 아노니 네가 살았다 하는 이름은 가졌으나 죽은 자로다 너는 일깨어 그 남은 바 죽게 된 것을 굳건하게 하라 내 하나님 앞에 온전한 것을 찾지 못하였노니 그러므로 네가 어떻게 받았으며 어떻게 들었는지 생각하고 지켜 회개하라 만일 일깨지 아니하면 내가 도둑같이 이르리니 어느 때에 네게 이를는지 네가 알지 못하리라 그러나 사데에 그 옷을 더럽히지 아니한 자 몇 명이 네게 있어 흰 옷을 입고 나와 함께 다니리니 그들은 합당한 자인 연고라 이기는 자는 이와 같이 흰 옷을 입을 것이요 내가 그 이름을 생명책에서 결코 지우지 아니하고 그 이름을 내 아버지 앞과 그의 천사들 앞에서 시인하리라(계 3:1-5)

사데 교회는
어디에 있었습니까?

사데(Sardis)는 소아시아에서 가장 중요한 성읍으로, 수산에서 소아시아를 관통하는 그 지선은 에베소에까지 달하고 있었습니다. 사데는 오래 전부터 양털 염색과 보석 산업이 발달했고, 무역이 활발하여서 부가 축척되어 있었습니다. 사데는 요한계시록에 기록된 소아시아의 일곱 교회 중 하나인 사데 교회의 소재지입니다.

예수님은 어떤 모습으로
사데 교회에 찾아오셨습니까?

사데 교회의 사자에게 편지하라 하나님의 일곱 영과 일곱 별을 가지신 이가 이르시되 내가 네 행위를 아노니 네가 살았다 하는 이름은 가졌으나 죽은 자로다(계 3:1)

예수님은 하나님의 일곱 영을 가진 분이십니다.

일곱 영은 무엇입니까?
- 하나님의 보좌 앞에 있는 하나님의 영입니다.

요한은 아시아에 있는 일곱 교회에 편지하노니 이제도 계시고 전에도 계시고 장차 오실 이와 그 보좌 앞에 일곱 영과(계 1:4)

보좌로부터 번개와 음성과 뇌성이 나고 보좌 앞에 일곱 등불 켠 것이 있으니 이는 하나님의 일곱 영이라(계 4:5)

- 하나님께서 온 땅에 보내시는 하나님의 영입니다.

내가 또 보니 보좌와 네 생물과 장로들 사이에 어린양이 섰는데 일찍 죽임을 당한 것 같더라 일곱 뿔과 일곱 눈이 있으니 이 눈은 온 땅에 보내심을 입은 하나님의 일곱 영이더라(계 5:6)

- 하나님의 일곱 영은 여호와의 영입니다.
이사야 선지자는 이를 좀 더 자세하게 알려 줍니다.

그의 위에 여호와의 영 곧 지혜와 총명의 영이요 모략과 재능의 영이요 지식과 여호와를 경외하는 영이 강림하시리니(사 11:2)

예수님은 일곱 영을 가지신 가장 뛰어난 분이십니다. 하나님의 일곱 영을 가진 예수님께는 성령님의 계시가 함께 있습니다. 그리고 거룩한 빛의 영이 함께 하십니다.

예수님은 일곱 별을 가진 분이십니다.

일곱 별은 무엇입니까?
• 일곱 별은 일곱 교회의 사자들입니다.

네 본 것은 내 오른손에 일곱 별의 비밀과 일곱 금촛대라 일곱 별은 일곱 교회의 사자요 일곱 촛대는 일곱 교회니라(계 1:20)

요한이 본 일곱 별은 예수님의 계시를 가져와 그 세대에 나누어 주는 하늘의 대사들입니다. 이 일곱 별이 하나님의 메신저였다고 말하였습니다. 일곱 별은 일곱 교회 사자를 의미합니다.

예수님은 오른손에 일곱 별, 즉 일곱 교회의 사자를 붙잡고 계십니다.

그의 오른손에 일곱 별이 있고 그의 입에서 좌우에 날선 검이 나오고 그 얼굴은 해가 힘있게 비치는 것 같더라(계 1:16)

에베소 교회의 사자에게 편지하라 오른손에 있는 일곱 별을 붙잡고 일곱 금촛대 사이에 거니시는 이가 이르시되(계 2:1)

예수님께서는 일곱 영과 일곱 별을 가진 분으로, 모든 하나님의 사자들을 붙잡고 계십니다. 우리도 예수님의 오른손에 붙잡힌 자가 되어야 하겠습니다.

예수님의 제자 베드로는 예수님께서 물 위로 걷는 모습을 보고 자신도 물 위로 오게 해달라고 부탁했습니다. 예수님께서 베드로에게 물 위로 걸어오라고 말씀하셨을 때, 베드로는 말씀대로 물 위로 걸어서 예수님께로 가다가 바람을 보고 무서워 물에 빠지게 되었습니다. 이때 예수님께서 베드로를 붙잡아 건져 주셨습니다.

밤 사경에 예수께서 바다 위로 걸어서 제자들에게 오시니 제자들이 그가 바다 위로 걸어오심을 보고 놀라 유령이라 하며 무서워하여 소리 지르거늘 예수께서 즉시 이르시되 안심하라 나니 두려워하지 말라 베드로가 대답하여 이르되 주여 만일 주님이시거든 나를 명하사 물 위로 오라 하소서 하니 오라 하시니 베드로가 배에서 내려 물 위로 걸어서 예수께로 가되 바람을 보고 무서워 빠져 가는지라 소리 질러 이르되 주여 나를 구원하소서 하니 예수께서 즉시 손을 내밀어 그를 붙잡으시며 이르시되 믿음이 작은 자여 왜 의심하였느냐 하시고 배에 함께 오르매 바람이 그치는지라 (마 14:25-32)

우리가 지금까지 산 것은 하나님께서 우리를 하나님의 능력과 구원의 손으로 붙잡아 주셨기 때문입니다. 우리는 하나님께 붙잡혀 있어야 합니다.

사데 교회의 실상은 어떠했습니까?

사데 교회의 사자에게 편지하라 하나님의 일곱 영과 일곱 별을 가지신 이가 이르시되 내가 네 행위를 아노니 네가 살았다 하는 이름은 가졌으나 죽은 자로다 너는 일깨어 그 남은 바 죽게 된 것을 굳건하게 하라 내 하나님 앞에 네 행위의 온전한 것을 찾지 못하였노니(계 3:1-2)

사데 교회는 살아 있는 이름은 가졌지만 실상 죽어 있었습니다.

사데 교회는 겉으로 보기에는 아무런 문제도 없어 보이는 교회였습니다. 성도들은 모두 열심 있는 신앙생활을 하는 것처럼 보였고, 조직이나 재정도 결코 다른 교회에 뒤지지 않았습니다. 오히려 사데 교회는 발전하고 부흥하는 교회로 이름이 났으며, 남들의 부러움을 샀습니다. 그러나 실상 사데 교회는 신앙적인 부패와 도덕적 타락으로 가득 차 있었습니다. 교회가 양적인 팽창, 외적인 성장에 만족하고 있는 동안 성도들의 신앙은 한없이 침체되고 부패했던 것입니다. 이 모습을 예수님께서 아시고 "네가 살았다 하는 이름은 가졌으나 죽은 자로다"라고 말씀하셨습니다.

사데 교회는 말로는 하나님을 시인하나 행위로는 부인하는 타락한 무리들이었습니다. 사데 교회 성도들 대부분이 하나님 앞에 의로움을 인정받을 만한 신앙생활을 영위하지 못했습니다. 사데 교회 성도들은 은혜에 무관심했습니다. 신앙을 잃어버린 성도들은 주님으로부터 떨어져 나갈 수밖에 없습니다. 사데 교회 성도들은 빠짐없이 예배에 참석하고 봉헌도 많이 했지만, 예수님을 향한 신앙적 갈망도, 은혜에 대해 감사하는 마음도 갖고 있지 않았습니다.

우리가 알아야 할 것은 교회가 그 본질이라고 할 수 있는 살아 있는 신앙을 상실하고 예수 그리스도와 연합하지 못한다면, 그 교회는 죽은 교회와 같다는 것입니다. 예수 그리스도에 대한 신실한 신앙의 바탕 위에서 주님의 뜻을 이뤄 드리는 일들을 행하지 못한다면, 그 교회는 실상 하나의 종교 집단에 불과합니다. 그리고 신앙 고백과 삶이 일치하지 못해 하나님께 영광 돌리지 않는 교회는 죽은 교회입니다.

오늘날도 많은 교회와 교인들이 살았다고 하지만 실제로는 죽어 있는 상태로 있습니다. 죽어 있는 교회는 다음과 같은 특징들이 있습니다.

- 예수님의 생명력이 없습니다.
- 성령의 능력이 없습니다.
- 깊은 영성이 없습니다.
- 하나님의 임재가 없는 삶을 삽니다.
- 생동감이 없는 신앙생활을 합니다.
- 하나님과 동행이 없는 종교적인 생활을 합니다.

우리는 먼저 내가 깨어 있어야 하고, 또한 죽게 된 것을 깨워야 합니다. 예수님은 죽음 가운데서 우리를 살려 주셨습니다. 잔느 귀용은 이렇게 말했습니다(『요한계시록 주석』, 38쪽).

얼마나 많은 신자들이 이러한 죽음에서 살아 나왔는가? 마치 그들은 늘

대 굴속에서 살아 나온 양들과 같다. 아, 그러나 우리는 아직도 얼마나 많은 늑대의 굴속에 있는 양들을 찾아야 하는가? 우리 주위에는 아직도 양의 탈을 쓴 늑대와 같은 목자들이 많다. 그들은 양들에게서 먹을 것을 탈취하고, 자기의 이익을 위하여 양들을 죽음으로 몰아넣는 늑대와 같은 목자들이다. 그들은 양을 보호하지도 지키지도 않고 오직 자신의 생계를 위하여 양들을 이용하고 있다.

하나님 앞에 행위가 온전한 것을 찾지 못하였습니다.

사데 교회에서는 하나님 앞에 순결하고 진실한 사람을 찾는 것이 쉽지 않았습니다. 마음과 행실이 바르게 사는 사람을 찾지 못하였다는 것입니다. 하나님 앞에 참 믿음으로 살지 못하는 위선적인 삶을 사는 것을 주님께서 보신 것입니다. 하나님 앞에 신실한 사람, 빛을 발하고 생명력이 있는 사람들을 하나님께서는 찾고 계십니다.

예수님은 사데 교회에 무엇을 권면하셨습니까?

그러므로 네가 어떻게 받았으며 어떻게 들었는지 생각하고 지켜 회개하라 만일 일깨지 아니하면 내가 도둑같이 이르리니 어느 때에 네게 이를는지 네가 알지 못하리라(계 3:3)

회개하라고 하셨습니다.

하나님 앞에 바른 신앙생활을 하지 못한 것, 즉 종교적이고 외식하는 생활, 겉과 속이 다른 신앙생활을 하면서 진실하게 살지 못한 것을 회개하여야 합니다. 만일 회개하지 않으면, 도적이 갑자기 예상치 못하게 오는 것처럼 예수님께서 오신다고 하셨습니다.

회개해야 하나님의 나라에 들어갈 수 있고, 기도에 응답 받을 수 있습니다.

사데 교회에 흰 옷을 입고 예수님과 함께 다니는 몇 명이 있었습니다.

> 그러나 사데에 그 옷을 더럽히지 아니한 자 몇 명이 네게 있어 흰 옷을
> 입고 나와 함께 다니리니 그들은 합당한 자인 연고라(계 3:4)

흰 옷을 입은 자는 하늘나라에서 영적으로 변화된 옷을 입고 예수님과 친밀한 교제를 나누며 영원한 생명을 누리는 사람입니다. 사데 교회에는 흰 옷을 입은 몇 명이 있었는데, 그들은 하나님 앞에 충실한 남은 자들입니다. 흰 옷을 입은 자들은 그 당시의 시대와 장소에 널리 횡행하던 부패와 부정에 물들지 아니한 사람들입니다. 하나님께서는 그들의 영예를 기억하셨습니다.

이 세상에 타락하지 않은 곳은 없습니다. 타락한 세상 속에 살고 있더라도, 흰 옷을 입은 성도들처럼 하나님께 인정을 받아야 하겠습니다. 하나님의 은총을 간직한 자로서 순결한 신앙생활을 하며, 예수 그리스도의

옷을 입은 자로 성도에게 합당한 거룩하고 살아 있는 삶을 사는 자들이 되어야 합니다.

이기는 자에게 주시는 축복은 무엇입니까?

이기는 자는 이와 같이 흰 옷을 입을 것이요 내가 그 이름을 생명책에서 결코 지우지 아니하고 그 이름을 내 아버지 앞과 그의 천사들 앞에서 시인하리라(계 3:5)

이기는 자는 흰옷을 입혀 주겠다고 하셨습니다.

예수님께서는 이기는 자에게 매우 귀한 약속을 하셨습니다. "이기는 자는 이와 같이 흰 옷을 입을 것이요."

흰 옷을 입혀 주신다는 것은 무슨 뜻입니까?
- 하나님의 나라에서 예수님과 친밀한 교제를 나누며 영원한 생명을 누리는 것입니다.

잔느 귀용은 흰 옷을 입는 것에 대하여 다음과 같은 깊은 의미를 가르쳐 줍니다(『요한계시록 주석』, 39쪽).

흰 옷을 입는다는 것은 하늘나라에서 영적으로 변화된 옷을 입고 예수 그리스도와 친밀한 교제를 나누며 영원한 생명을 누리는 축복입니다.

• **흰 옷을 입은 사람은 하나님의 의로움으로 인정을 받은 사람들입니다.**

흰 옷을 입은 사람은 의로움으로 인정을 받고, 위로를 받게 됩니다. 흰 옷을 입는 것은 하늘나라에서 받을 명예와 영광입니다. 그들은 그리스도와 함께 하늘의 낙원에서 즐거운 걸음을 걷게 될 것입니다. 그때 그들은 예수 그리스도와 함께 즐거운 친교를 나누며 함께 걸어갈 것입니다.

이 땅에서 참으로 거룩한 옷을 입고 그리스도와 함께 걸으며, 세상의 더러움에 물들지 않는 자는 저 세상에서 명예와 영광의 흰 옷을 입고 그리스도와 함께 걸 수 있을 것입니다. 이것은 주의 영광을 위해 사는 자들에게 합당한 상급입니다.

예수님은 정결한 왕의 옷인 세마포 옷을 입으셨습니다.

> 그때에 내가 눈을 들어 바라본즉 한 사람이 세마포 옷을 입었고 허리에는 우바스 정금 띠를 띠었고 (단 10:5)

우리는 예수님께서 입혀 주시는 흰 옷을 입고 하나님과 더 친밀한 교제를 누리며 살아서, 하늘나라에서 흰 옷을 받는 축복을 누려야 하겠습니다.

이기는 자는 그 이름을 생명책에서 결코 지우지 아니하신다고 하셨습니다.

성경에서는 인간의 행동에 대한 기록들을 담은 하늘의 책인 생명책(Book of Life)에 대한 기록을 찾아볼 수 있습니다. 생명책은 시대의 완성, 인간의 동기, 행위 그리고 결단과 관계된 미래에 펼쳐질 일들을 담은 책으로, 계시록에서 볼 수 있습니다.

생명책이란 무엇입니까?
- 생명책은 구원받은 하나님의 백성의 이름이 기록되어 있는 책입니다.

생명책은 살아 있는 신앙으로 하나님과 친밀한 교제를 나눈 사람들의 이름이 기록된 책입니다. 생명의 책은 구원받는 사람들의 명부가 기록된 것이며, 영원한 생명이 주어짐을 보여주는 것입니다.

- 생명책에 이름이 있는 사람은 복음을 위해 힘쓴 사람들입니다.

또 참으로 나와 멍에를 같이한 자 네게 구하노니 복음에 나와 함께 힘쓰던 저 부녀들을 돕고 또한 글레멘드와 그 외에 나의 동역자들을 도우라 그 이름들이 생명책에 있느니라(빌 4:3)

- 생명책은 자기 행위를 따라 기록한 대로 심판하는 책입니다.

죽임을 당한 어린양의 생명책에 창세 이후로 이름이 기록되지 못하고 이 땅에 사는 자들은 다 그 짐승에게 경배하리라(계 13:8)

네가 본 짐승은 전에 있었다가 지금은 없으나 장차 무저갱으로부터 올라와 멸망으로 들어갈 자니 땅에 사는 자들로서 창세 이후로 그 이름이 생명책에 기록되지 못한 자들이 이전에 있었다가 지금은 없으나 장차 나올 짐승을 보고 놀랍게 여기리라(계 17:8)

또 내가 보니 죽은 자들이 큰 자나 작은 자나 그 보좌 앞에 서 있는데 책들이 펴 있고 또 다른 책이 펴졌으니 곧 생명책이라 죽은 자들이 자기 행위를 따라 책들에 기록된 대로 심판을 받으니 바다가 그 가운데에서 죽은 자들을 내주고 또 사망과 음부도 그 가운데에서 죽은 자들을 내주매 각 사람이 자기의 행위대로 심판을 받고 사망과 음부도 불못에 던져지니 이것은 둘째 사망 곧 불못이라 누구든지 생명책에 기록되지 못한 자는 불못에 던져지더라(계 20:12-15)

 이 생명책은 때가 되면 주님에 의해 심판의 보좌에 놓여질 것입니다. 누가복음 10장 17-24절은 사역을 마치고 돌아온 예수님의 제자 70명에 대하여 말하고 있습니다.
 예수님은 제자들의 승리에도 불구하고 다음과 같은 계시적인 말씀을 하셨습니다. "그러나 귀신들이 너희에게 항복하는 것으로 기뻐하지 말고 너희 이름이 하늘에 기록된 것으로 기뻐하라 하시니라"(눅 10:20).
 생명책에 기록되지 못한 자는 지옥에 들어가게 됩니다. 우리는 구원과 칭찬으로 생명책에 기록되어 있어야 하겠습니다.

각자에게 임명된 영적 과업과 책임을 잘 감당한 사람은 하늘 책(Heaven's book)인 생명책에 기록되어 있습니다. 믿음에 충실하게 경주를 마치고 우리에게 주어진 하나님의 계획을 완성하는 것은 우리의 특권입니다.

롤랜드 벅 목사님이 보좌가 있는 방에 방문했을 때의 이야기입니다 (폴 키스 데이비스, 『계시의 비밀』).

롤랜드 벅의 체험은 1977년 1월 21일에 시작되었다. 토요일 저녁 벅 목사는 다음날 주일 아침 설교를 준비하기 위하여 자신의 서재에 있었다. 대략 밤 10시 30분쯤 기도와 묵상 중에 있던 벅은 "나와 함께 우주의 비밀이 보관되어 있는 보좌의 방으로 가자"라는 소리를 귀로 들었다. 벅 목사는 즉시로 자신의 서재에서 하나님의 보좌의 방으로 쏘아 올려졌다.

보좌의 방을 방문하는 동안 많은 놀라운 진리들이 이 겸손의 종에게 주어졌다. 성서에 대한 더 큰 지혜가 그의 영에 즉시로 이식되었다. 게다가 주님의 책(the book of Heaven)과 이 세대를 위한 하나님의 청사진을 볼 수 있는 특권이 주어졌다.

주님의 책은 특별한 사람들의 운명과 그들의 노고, 승리, 업적을 담고 있었다. 우리가 모태에서 형성되기도 전에 이러한 일들이 하늘의 공문서에 예견되어 있었고, 쓰여 있었다. 이 얼마나 엄청난 하나님의 전능하심의 표출인가!

벅 목사는 자신의 하늘 이력서를 부분적으로 볼 수 있도록 허락 받았다. 그는 자신의 생애에 120개의 일어날 일들이 있다는 것을 알게 되었다. 이

후에 그는 일어날 일들에 대한 예견이 얼마나 세세하고 정확하게 그의 생각과 마음에 영향을 미쳤는가를 나누었다. 역사는 이제 벅이 보좌 방문에서 본 계시대로 정확하게 펼쳐진 상황들로 인해 벅의 방문의 타당성을 말해 준다. 오직 하나님만이 그러한 위업을 성취하실 수 있다. 120개의 예견된 일이 세세하게-설명한 방법대로 정확히-일어날 수 있는 확률은 예측할 수 없는 것이었다. 나는 실제로 그를 아는 사람들을 만나 이야기를 나누었고, 직접 이 사실을 확인할 수 있었다.

예수님 안에서 이기는 자에게는 흰 옷을 입혀 주십니다. 그리고 그들의 이름을 생명책에서 확실하게 볼 수 있게 하신다고 하셨습니다.

예수님께서는 이기는 자를 하나님 앞에 증거하십니다.

그 이름을 하나님 아버지 앞과 천사들 앞에서 시인하리라(계 3:5)

예수 그리스도께서는 생명의 책을 가지고 계십니다. 예수 그리스도께서는 그가 택하신 그의 충실한 성도들의 이름을 결코 그의 생명책에서 지우시지 않으실 것입니다. 그리고 그분은 하나님과 그의 모든 천사들 앞에서 이 생명의 책을 내놓으시고 거기에 기록된 이름들을 시인하여 주신다는 확고한 약속을 하셨습니다. 그 생명책이 열렸을 때 그리스도는 마치 재판장과 같이 이를 판정하실 것입니다. 예수 그리스도께서는 또 그들의 대장으로서 그들을 이끌고 하늘로 개선(凱旋)하시면서, 그들을 아버지 하나님 앞으로 인도하고 그들의 이름을 시인하실 것입니다. "보십시오. 당신께서 충성한 나에게 맡기신, 당신이 사랑하는 거룩하고 신실한 자녀들이 여기 있습니다"라고 그들을 소개하게 될 것입니다. 그러므로 그들이 받는 상급과 명예가 얼마나 놀랍고도 큰 것입니까! 이기는 자는 그의 이름을 하나님 아버지 앞과 천사들 앞에서 인정하십니다.

우리는 귀 있는 자로서 성령 하나님께서 교회들에게 주시는 말씀을 꼭 듣고 순종하여 이기는 자의 놀라운 축복을 누려야 하겠습니다. 우리는 사데 교회를 통하여 주시는 하나님의 말씀을 잘 듣고 순종하여야 합니다. 하나님 앞에 흰 옷을 입은 자로 생명책에 분명하게 기록되어 하나님 아버지와 천사들에게 자랑스럽게 여김을 받는 여러분들이 되시기를 축원합니다.

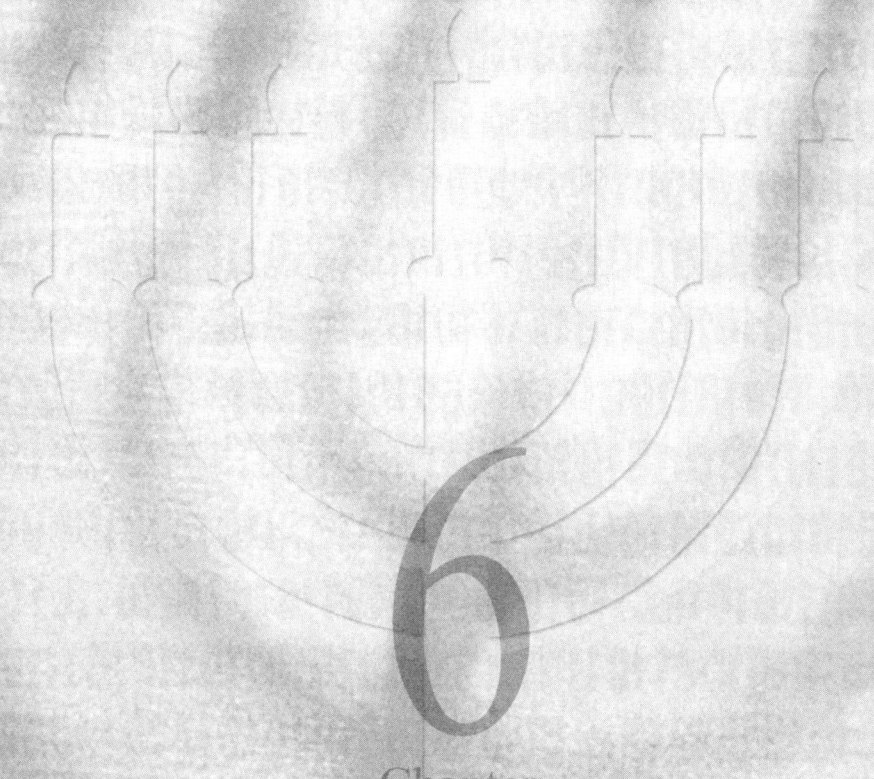

Chapter 6

Philadelphia
빌라델비아 교회

빌라델비아 교회의 사자에게 편지하라 거룩하고 진실하사 다윗의 열쇠를 가지신 이 곧 열면 닫을 사람이 없고 닫으면 열 사람이 없는 그가 이르시되 볼지어다 내가 네 앞에 열린 문을 두었으되 능히 닫을 사람이 없으리라 내가 네 행위를 아노니 네가 작은 능력을 가지고서도 내 말을 지키며 내 이름을 배반하지 아니하였도다 보라 사탄의 회당 곧 자칭 유대인이라 하나 그렇지 아니하고 거짓말하는 자들 중에서 몇을 네게 주어 그들로 와서 네 발 앞에 절하게 하고 내가 너를 사랑하는 줄을 알게 하리라 네가 나의 인내의 말씀을 지켰은즉 내가 또한 너를 지켜 시험의 때를 면하게 하리니 이는 장차 온 세상에 임하여 땅에 거하는 자들을 시험할 때라 내가 속히 오리니 네가 가진 것을 굳게 잡아 아무도 네 면류관을 빼앗지 못하게 하라 이기는 자는 내 하나님 성전에 기둥이 되게 하리니 그가 결코 다시 나가지 아니하리라 내가 하나님의 이름과 하나님의 성 곧 하늘에서 내 하나님께로부터 내려오는 새 예루살렘의 이름과 나의 새 이름을 그이 위에 기록하리라 귀 있는 자는 성령이 교회들에게 하시는 말씀을 들을지어다(계 3:7-13)

빌라델비아는
어떤 곳입니까?

빌라델비아(Philadelphia)는 소아시아의 서부 루디아 지방의 성읍입니다. 오늘날은 터키의 알라셰히르(Alashehir) 시가 그 자리에 자리 잡고 있습니다. 빌라델비아는 '형제애' 라는 그 이름의 뜻으로도 유명한 도시입니다. 빌라델비아 교회는 소아시아에 있는 일곱 교회의 하나로서 편지를 받았습니다(계 1:11; 3:7-13).

예수님께서는 빌라델비아 교회에
어떤 모습으로 말씀하셨습니까?

빌라델비아 교회의 사자에게 편지하라 거룩하고 진실하사 다윗의 열쇠를 가지신 이 곧 열면 닫을 사람이 없고 닫으면 열 사람이 없는 그가 이르시되(계 3:7)

예수님은 거룩하신 분이십니다.

예수님은 '거룩하시고 진실하신 분' 이십니다. 그리고 예수님의 이러한 거룩하신 성품은 하나님 아버지의 속성과 같습니다.

나는 여호와 너희 하나님이라 내가 거룩하니 너희도 몸을 구별하여 거

룩하게 하고(레 11:44)

너희는 여호와 우리 하나님을 높이고 그 성산에서 경배할지어다 대저 여호와 우리 하나님은 거룩하시도다(시 99:9)

나는 세상에 더 있지 아니하오나 저희는 세상에 있사옵고 나는 아버지께로 가옵나니 거룩하신 아버지여 내게 주신 아버지의 이름으로 저희를 보전하사 우리와 같이 저희도 하나가 되게 하옵소서(요 17:11)

네 생물이 각각 여섯 날개가 있고 그 안과 주위에 눈이 가득하더라 그들이 밤낮 쉬지 않고 이르기를 거룩하다 거룩하다 거룩하다 주 하나님 곧 전능하신 이여 전에도 계셨고 이제도 계시고 장차 오실 자라 하고 (계 4:8)

거룩하신 하나님께서는 우리에게 거룩한 삶을 살라고 말씀하셨습니다.

나는 너희의 하나님이 되려고 너희를 애굽 땅에서 인도하여 낸 여호와라 내가 거룩하니 너희도 거룩할지어다(레 11:45)

너희는 내게 거룩할지어다 이는 나 여호와가 거룩하고 내가 또 너희로 나의 소유를 삼으려고 너희를 만민 중에서 구별하였음이라(레 20:26)

모든 사람으로 더불어 화평함과 거룩함을 좇으라 이것이 없이는 아무도 주를 보지 못하리라(히 12:14)

오직 너희를 부르신 거룩한 자처럼 너희도 모든 행실에 거룩한 자가 되라 기록하였으되 내가 거룩하니 너희도 거룩할지어다 하셨느니라(벧전 1:15-16)

너희도 산돌같이 신령한 집으로 세워지고 예수 그리스도로 말미암아 하나님이 기쁘게 받으실 신령한 제사를 드릴 거룩한 제사장이 될지니라 (벧전 2:5)

예수님은 진리이십니다.

율법은 모세로 말미암아 주신 것이요 은혜와 진리는 예수 그리스도로 말미암아 온 것이라(요 1:17)

너희가 요한에게 사람을 보내매 요한이 진리에 대하여 증거하였느니라 (요 5:33)

진리를 알지니 진리가 너희를 자유케 하리라(요 8:32)

예수께서 가라사대 내가 곧 길이요 진리요 생명이니 나로 말미암지 않고는 아버지께로 올 자가 없느니라(요 14:6)

진리이신 예수님의 속성은 하나님 아버지의 속성과도 같습니다.

내가 나의 영을 주의 손에 부탁하나이다 진리의 하나님 여호와여 나를 구속하셨나이다(시 31:5)

이러므로 땅에서 자기를 위하여 복을 구하는 자는 진리의 하나님을 향하여 복을 구할 것이요 땅에서 맹세하는 자는 진리의 하나님으로 맹세하리니 이는 이전 환난이 잊어졌고 내 눈 앞에 숨겨졌음이니라(사 65:16)

예수님은 진리이시므로 믿을 수 있습니다. 그의 말씀은 거짓이 없고, 참 자유를 주십니다.

예수님은 다윗의 열쇠를 가진 분이십니다.

빌라델비아 교회의 사자에게 편지하라 거룩하고 진실하사 다윗의 열쇠를 가지신 이 곧 열면 닫을 사람이 없고 닫으면 열 사람이 없는 그가 이르시되(계 3:7)

다윗의 열쇠는 무엇입니까?
• 다윗의 열쇠는 하나님의 나라로 들어가는 열쇠입니다.
다윗의 열쇠는 예루살렘으로 들어가는 열쇠로, 예수 그리스도께서는 예루살렘에 들어가게 하거나 못 들어가게 하는 데 절대적인 주권을 가지신 분이라는 것입니다.

내가 또 다윗 집의 열쇠를 그의 어깨에 두리니 그가 열면 닫을 자가 없겠고 닫으면 열 자가 없으리라(사 22:22)

- 지식의 열쇠로는 천국에 들어갈 수 없고, 예수님께서 주시는 천국 열쇠를 받아야 들어갈 수 있습니다.

화 있을진저 너희 율법사여 너희가 지식의 열쇠를 가져가고 너희도 들어가지 않고 또 들어가고자 하는 자도 막았느니라 하시니라(눅 11:52)

- 예수님을 바로 알고 믿는 사람은 천국의 열쇠를 주십니다.

예수님께서는 자신이 누구인지 바로 고백하는 베드로에게 천국 열쇠를 주신다고 하셨습니다.

예수께서 빌립보 가이사랴 지방에 이르러 제자들에게 물어 이르시되 사람들이 인자를 누구라 하느냐 이르되 더러는 세례 요한, 더러는 엘리야, 어떤 이는 예레미야나 선지자 중의 하나라 하나이다 이르시되 너희는 나를 누구라 하느냐 시몬 베드로가 대답하여 이르되 주는 그리스도시요 살아 계신 하나님의 아들이시니이다 예수께서 대답하여 이르시되 바요나 시몬아 네가 복이 있도다 이를 네게 알게 한 이는 혈육이 아니요 하늘에 계신 내 아버지시니라 또 내가 네게 이르노니 너는 베드로라 내가 이 반석 위에 내 교회를 세우리니 음부의 권세가 이기지 못하리라 내가 천국 열쇠를 네게 주리니 네가 땅에서 무엇이든지 매면 하늘에서도 매일 것이요 네가 땅에서 무엇이든지 풀면 하늘에서도 풀리리라 하시고(마 16:13-19)

예수님께서는 베드로가 "주는 그리스도시요 살아 계신 하나님의 아들이시니이다"라고 예수님이 누구신지 바로 고백하였을 때 천국 열쇠를 주신다고 하셨습니다.

내가 천국 열쇠를 네게 주리니 네가 땅에서 무엇이든지 매면 하늘에서도 매일 것이요 네가 땅에서 무엇이든지 풀면 하늘에서도 풀리리라 하시고(마 16:19)

하나님의 나라는 지식의 열쇠를 가지고 들어가는 것이 아니라 천국의 열쇠를 받아야 들어갈 수 있습니다. 예수님을 '하나님의 아들'과 '그리스도'라고 고백하여 천국의 열쇠를 받은 사람이 천국에 들어갈 수 있습니다.

'그리스도'라는 말은 헬라어 '크리스토스,' 히브리어로는 '메시아'입니다. 이는 '기름 부음을 받은 자'라는 뜻입니다(요 1:41). 예수님은 그리스도와 메시아로 만왕의 왕, 대제사장, 대예언자이십니다.

유대인들은 바벨론의 포로생활 후에 자기 민족을 이방인(로마)의 압제에서 구원해 주실 '메시아'를 대망하고 있었습니다. 참 메시아는 정치적으로 해방시킬 분이 아니라, 세상 죄를 지시고 자신을 많은 사람의 대속물로 주시고 인류의 메시아가 되시는 예수 그리스도이십니다(마 1:21; 20:28, 요 1:21).

예수님께서는 하나님의 나라에 들어갈 수 있는 가장 중요한 열쇠를 가진 분이십니다. 예수님은 거룩하고 진실하사 다윗의 열쇠를 가지신 분으로 열면 닫을 사람이 없고 닫으면 열 사람이 없는 분이십니다. 그리고 예수님은 다윗의 열쇠를 가지고 그 통치와 권위의 열쇠로 하나님의 교회를 다스리십니다. 예수님께서는 '다윗의 열쇠, 천국의 열쇠'를 가지고 닫거나 열 수 있는 권위를 가지신 분입니다.

하나님의 나라는 천국의 열쇠를 가지고 계신 분이 열어 주셔야 들어갈 수 있습니다. 예수님께서 천국의 열쇠를 가지고 열어 주시거나 우리가 천국 열쇠를 받아야 하늘나라에 들어갈 수 있습니다.

예수님께서는 빌라델비아 교회에 무엇을 칭찬하셨습니까?

내가 네 행위를 아노니 네가 작은 능력을 가지고서도 내 말을 지키며 내 이름을 배반하지 아니하였도다 보라 사탄의 회당 곧 자칭 유대인이라 하나 그렇지 아니하고 거짓말하는 자들 중에서 몇을 네게 주어 그들로 와서 네 발 앞에 절하게 하고 내가 너를 사랑하는 줄을 알게 하리라 네가 나의 인내의 말씀을 지켰은즉 내가 또한 너를 지켜 시험의 때를 면하게 하리니 이는 장차 온 세상에 임하여 땅에 거하는 자들을 시험할 때라(계 3:8-10) 예수님께서 빌라델비아 교회에 칭찬하신 것은 다음과 같습니다.

작은 능력을 가지고 주님의 말씀을 지키고 주님의 이름을 배반하지 않았습니다.

내가 네 행위를 아노니 네가 작은 능력을 가지고서도 내 말을 지키며 내

이름을 배반하지 아니하였도다(계 3:8)

예수님께서 칭찬하신 것은 작은 능력을 가지고서도 '내 말을 지키며 내 이름을 배반하지 아니한 것' 이었습니다.

잔느 귀용은 '작은 능력' 이 무엇인지를 알려주면서 빌라델비아 교인들에 대하여 다음과 같이 설명하였습니다(『요한계시록 주석』, 41쪽).

> 그것은 거룩과 진실이었다. 이 거룩과 진실만이 우리를 하나님 안에서 온전히 거룩하게 만든다. 예수님도 이처럼 거룩과 진실의 삶을 이 땅에서 사셨다. 빌라델비아 교인들은 하나님으로부터 진실한 사람이라 칭함을 받았다. 예수님도 그들의 이러한 진심을 아셨다. 그들은 약하지만 그들의 강력함을 자신에게 찾지 않고 하나님 안에서 찾았다. 그들은 자신에 대하여 관심을 갖지 않고, 오직 하나님에게만 관심을 가졌다.…거룩하고 진실하신 하나님께서 그들을 보시고 "내가 너에게 다윗의 열쇠를 주겠다"라고 하셨다. "그가 열면 아무도 닫지 못하고 그가 닫으면 아무도 열지 못한다"고 하셨다.…이 문을 하나님께서 그의 신실한 종을 위하여 열어 주시어 그곳에 들어가고, 하나님의 궁전 안에 거하는 자는 세세토록 세상을 이기고 정복할 것이다.

예수님께서는 빌라델비아 교인들이 거룩하고 진실하게 살 뿐만 아니라 하나님께 참된 예배를 드렸기 때문에 특별히 사랑하셨습니다. "내가 너를 사랑하는 줄을 알게 하리라"(계 3:9).

빌라델비아 교인은 작은 능력을 가지고도 인내의 말씀을 지켰습니다.

하나님께서는 작은 능력을 가지고 있던 빌라델비아 교인들을 강하게 하여 견고한 진을 파하게 하셨습니다. 그리고 그들은 인내의 말씀을 순종하였습니다.

잔느 귀용은 작은 능력을 가지고 '인내의 말씀'을 지켰다는 의미를 다음과 같이 설명하였습니다(42쪽).

> 인내의 말을 지켰다는 뜻은 하나님의 뜻으로 우리에게 다가온 내적인 그리고 외적인 고난을 견디어 냈다는 말이다. 우리가 하나님으로부터 이러한 시련을 받을 때 우리가 하나님의 인내의 말씀을 지킬 수 있는 길은 우리가 역경 속에서 잠잠하며 그의 말씀을 묵상하는 것이다.…성도들이 하나님의 인내의 말씀을 간직하면서 하나님의 임재를 기다리면 그의 마음속에 인내가 심어지고, 하나님의 온전한 뜻이 자신에게 이루어지고 있음을 느끼게 된다.…세상의 유혹에서 매일매일 자신을 지키고 이겨내는 일에 전력을 다한다.

예수 그리스도께서는 빌라델비아 교회의 인내를 칭찬하셨습니다. 그리고 인내하는 자에게 임할 상급으로 시험의 때를 면하게 하겠다고 하셨습니다. 이것은 마지막 환난 때에 성도들을 환난에서 지키시고 보호하신다는 말씀입니다.

예수님께서 빌라델비아 교회에
주신 권면은 무엇입니까?

내가 속히 오리니 네가 가진 것을 굳게 잡아 아무도 네 면류관을 빼앗지 못하게 하라(계 3:11)

예수님은 약속을 반드시 지키시는 신실하신 분이십니다. 예수님께서는 가지고 있는 것을 굳게 잡아 아무도 네 면류관을 빼앗지 못하게 하라고 하셨습니다.
하나님께서는 그리스도인에게 여러 면류관을 준비해 놓으셨습니다.

어떠한 면류관을 준비해 놓으셨습니까?
• 기쁨, 자랑의 면류관입니다.

우리의 소망이나 기쁨이나 자랑의 면류관이 무엇이냐 그의 강림하실 때 우리 주 예수 앞에 너희가 아니냐(살전 2:19)

• 의의 면류관입니다.

이제 후로는 나를 위하여 의의 면류관이 예비되었으므로 주 곧 의로우신 재판장이 그 날에 내게 주실 것이니 내게만 아니라 주의 나타나심을 사모하는 모든 자에게니라(딤후 4:8)

• 생명의 면류관입니다.

시험을 참는 자는 복이 있도다 이것에 옳다 인정하심을 받은 후에 주께서 자기를 사랑하는 자들에게 약속하신 생명의 면류관을 얻을 것임이니라(약 1:12)

네가 장차 받을 고난을 두려워 말라 볼찌어다 마귀가 장차 너희 가운데서 몇 사람을 옥에 던져 시험을 받게 하리니 너희가 십일 동안 환난을 받으리라 네가 죽도록 충성하라 그리하면 내가 생명의 면류관을 네게 주리라(계 2:10)

• 영광의 면류관입니다.

그리하면 목자장이 나타나실 때에 시들지 아니하는 영광의 면류관을 얻으리라(벧전 5:4)

• 썩지 아니하는 면류관입니다.

운동장에서 달음질하는 자들이 다 달릴지라도 오직 상을 받는 사람은 한 사람인 줄을 너희가 알지 못하느냐 너희도 상을 받도록 이와 같이 달음질하라 이기기를 다투는 자마다 모든 일에 절제하나니 그들은 썩을 승리자의 관을 얻고자 하되 우리는 썩지 아니할 것을 얻고자 하노라 (고전 9:24-25)

하나님께서는 성도들에게 면류관을 씌우셨습니다.

주의 아름다운 복으로 저를 영접하시고 정금 면류관을 그 머리에 씌우셨나이다(시 21:3)

하나님의 말씀을 신실하게 지키는 자에게는 아무나 그 면류관을 빼앗지 못하게 하시고, 신실하게 행한 부분에 대해 면류관을 씌워 주실 것입니다.
예수님께서 재림하여 오실 날이 오래지 않으니 인내하여 말씀에 순종하여 면류관을 빼앗기지 않도록 해야 합니다.

이기는 자에게 주시는 축복이 무엇입니까?

이기는 자는 내 하나님 성전에 기둥이 되게 하리니 그가 결코 다시 나가지 아니하리라 내가 하나님의 이름과 하나님의 성 곧 하늘에서 내 하나님께로부터 내려오는 새 예루살렘의 이름과 나의 새 이름을 그이 위에 기록하리라 귀 있는 자는 성령이 교회들에게 하시는 말씀을 들을지어다 (계 3:12-13)

예수님께서는 이기는 자들에게 영광스러운 상급 두 가지를 주시기로 약속하셨습니다.

이기는 자는 하나님 성전의 기둥이 되게 하십니다.

이기는 자는 "하나님의 성전의 기념비적인 기둥이 되게 하신다"는 말씀입니다. 그 기둥은 성전 건물을 떠받드는 데 필요한 기둥이 아닙니다. 그러한 기둥들은 로마의 황제와 장군들을 기념하기 위해서 세워 놓은 기둥들같이 기념물일 따름입니다. 그러나 하나님의 성전 기둥이 된다는 것은 성도들의 영예로운 지위를 말하는 것입니다. 아론과 훌, 베드로와 야고보, 그리고 요한은 초대교회의 기둥들이었습니다.

이기는 자는 하나님의 이름과 새 예루살렘의 이름과 그리스도의 새 이름을 그들 위에 기록하십니다.

이기는 자는 세 가지 상급이 동시에 기록되어 있습니다.
하나는 '하나님의 이름'이 새겨져 있습니다. 하나님의 이름을 기록하신다는 것은 성도들을 하나님께서 그의 백성으로 영원히 인쳐 주시겠다는 말씀입니다. 하나님의 이름이 새겨진 것은 하나님으로 말미암아 그들이 축복에 참예하게 되었다는 것입니다. 그런 축복을 받게 된 것은 그들이 하나님을 섬겼으며, 하나님 때문에 이 고난에 동참하게 되었기 때문입니다.

둘째로, '하나님의 성 곧 하늘에서 내려오는 새 예루살렘'의 이름이 새겨져 있습니다. 이 기둥 위에는 성도들이 하나님의 교회를 위해서 행한 모든 봉사가 낱낱이 기록될 것이며, 그들이 얼마나 교회를 확장시켰으며, 교회의 순결성과 명예를 유지하도록 힘써 왔는가가 자세히 기록될 것입니다. 그들은 하나님의 교회를 위해 싸운 용사란 이름으로 위대하게 기록될 것입니다. 새 예루살렘의 이름을 기록한다는 것은 성도들에게 하늘 시민권이 보장됨을 말합니다.

셋째로, 그 기둥에 새겨진 또 다른 이름은 그리스도의 '새 이름' 입니다. 그리스도의 새 이름을 기록한다는 것은 그리스도께서 승리하신 영광에 성도들도 동일하게 참여하게 해주신다는 축복의 말씀인 것입니다.

모든 이기는 자들의 이름이 '그리스도의 새 이름' 으로 함께 기명될 것입니다. 이들은 예수님의 지도하에 행동하였으며, 예수님의 본을 받아 용기를 얻었으며, 예수님의 영향을 받아 선한 싸움을 싸웠고, 승리할 수 있었던 것입니다.

우리는 성령님께서 빌라델비아 교회와 하나님의 교회들에게 하시는 말씀을 잘 듣고 온전히 순종하여야 합니다. 우리들과 교회는 빌라델비아 교인처럼 거룩하고 진실하여야 하겠습니다. 그리고 작은 능력을 가지고도 하나님의 말씀을 지키고 끝까지 배반하지 않고, 인내의 말씀을 지키어 면류관을 빼앗기지 않아야 하겠습니다. 또한 하나님의 나라에서 성전 기둥이 되고, 예수님의 이름과 함께 그 이름이 기록되어 영원히 축복을 받고 살아야 하겠습니다.

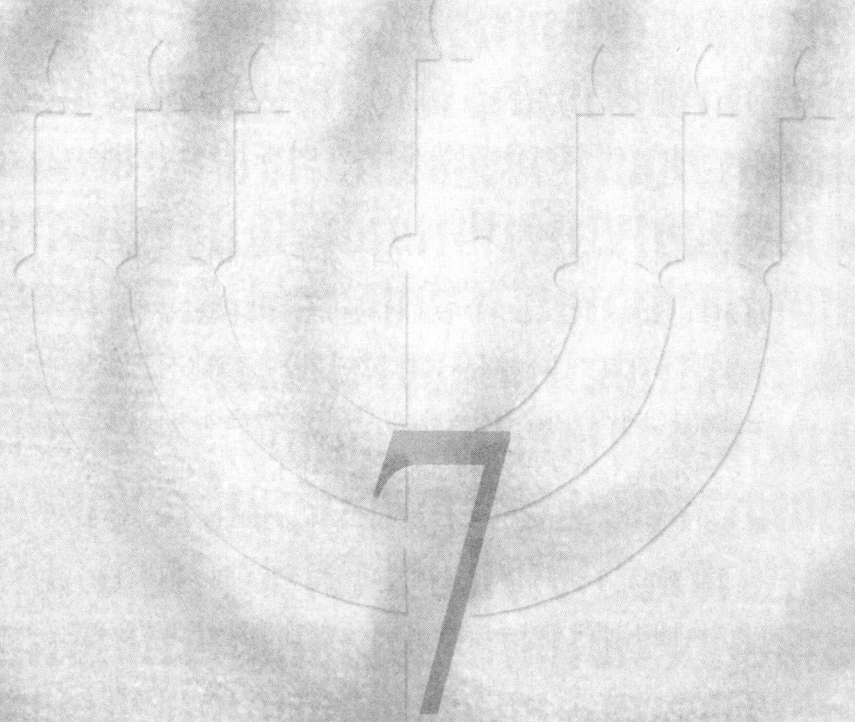

Chapter 7

Laodicea

라오디게아 교회

라오디게아 교회의 사자에게 편지하라 아멘이시요 충성되고 참된 증인이시요 하나님의 창조의 근본이신 이가 이르시되 내가 네 행위를 아노니 네가 차지도 아니하고 뜨겁지도 아니하도다 네가 차든지 뜨겁든지 하기를 원하노라 네가 이같이 미지근하여 뜨겁지도 아니하고 차지도 아니하니 내 입에서 너를 토하여 버리리라 네가 말하기를 나는 부자라 부요하여 부족한 것이 없다 하나 네 곤고한 것과 가련한 것과 가난한 것과 눈먼 것과 벌거벗은 것을 알지 못하는도다 내가 너를 원하노니 내게서 불로 연단한 금을 사서 부요하게 하고 흰 옷을 사서 입어 벌거벗은 수치를 보이지 않게 하고 안약을 사서 눈에 발라 보게 하라 무릇 내가 사랑하는 자를 책망하여 징계하노니 그러므로 네가 열심을 내라 회개하라 볼지어다 내가 문 밖에 서서 두드리노니 누구든지 내 음성을 듣고 문을 열면 내가 그에게로 들어가 그와 더불어 먹고 그는 나와 더불어 먹으리라 이기는 그에게는 내가 내 보좌에 함께 앉게 하여 주기를 내가 이기고 아버지 보좌에 함께 앉은 것과 같이 하리라(계 3:14-21)

예수님께서는 사도 요한에게 소아시아 일곱 교회들에 관하여 말씀하셨습니다.

첫 번째, 에베소 교회에 보내는 말씀은 처음 사랑을 회복하지 않으면 촛대를 옮길 것이라고 경고하시면서, 이기는 자에게는 하나님의 낙원에 있는 생명나무 열매를 먹게 하시겠다고 약속하셨습니다.

두 번째, 서머나 교회에 보내는 말씀은 환난 중에서도 죽도록 충성하면 장차 생명의 면류관을 주고, 이기는 자에게는 둘째 사망의 해를 받지 아니하리라고 약속하셨습니다.

세 번째, 버가모 교회에 보내는 말씀은 우상숭배와 행음에서 돌이키라고 경고하시면서, 이기는 자에게는 생명의 만나와 흰 돌 위에 새 이름을 기록할 것이라고 약속하셨습니다.

네 번째, 두아디라 교회에 보내는 말씀은 우상숭배와 간음에서 돌이키라고 경고하시면서, 이기는 자에게는 만국을 다스리는 권세와 새벽 별을 주신다고 약속하셨습니다.

다섯 번째, 사데 교회에 보내는 말씀은 무기력한 신앙생활을 지적하시면서 회개하고 영적 생활에서 깨어날 것을 촉구하시고, 이기는 자에게는 장차 흰 옷을 입는 것과 그 이름이 생명책에서 지워지지 않을 것을 약속하셨습니다.

여섯 번째, 빌라델비아 교회에 주시는 말씀은 이미 가진 신앙을 굳게 지킬 것을 부탁하시면서, 이기는 자에게는 하나님의 성전에 기둥이 되게 할 것이라고 약속하셨습니다.

일곱 번째, 마지막으로 라오디게아 교회에 보내는 말씀은 차지도 덥지도 않은 신앙생활을 책망하시고 신앙생활을 열심히 하라고 당부하시면서, 이기는 자에게는 장차 하늘 보좌에 함께 앉도록 해줄 것을 약속하셨습니다.

예수님께서는 라오디게아 교회를 맨 나중인 일곱 번째로 언급하셨습니다. 이 일곱 번째 교회들은 교회시대 전체에 걸쳐 등장하였다고 이야기하기도 합니다. 이런 의미에서 볼 때 라오디게아 교회의 등장은 교회시대의 막바지에 근접하고 있다는 뜻입니다. 오늘날의 교회가 라오디게아 교회의 시간대에 해당한다는 증거는 이 시대 교회에게 주어진 여러 영적인 교훈의 메시지를 통해 찾아볼 수 있습니다.

라오디게아 교회는
어떤 교회입니까?

라오디게아(Laodicea)는 신약성경에 기록되어 있기로는 소아시아 서부 브루기아 지방의 주요한 성읍으로, 에바브라에 의해 설립된 교회입니다(골 4:12, 16).

라오디게아는 지역적으로 중요한 곳입니다. 이곳은 소아시아를 관통하는 세 도로의 교차 지점으로, 상업과 행정의 중심지 역할을 했습니다. 이곳에는 은행이 모여 있었고 직물업이 발달했습니다. 또 유명한 의술 학교도 있었습니다. 사람들이 생활에 별로 부족함을 느끼지 못하는 윤택한 지역이었습니다. 때문에 이 도시에 세워진 라오디게아 교회 역시 일상생활로부터 오는 윤택함에 자만으로 부풀어 있었고, 신앙의 뜨거운 열정을 찾아볼 수 없는 세속적인 교회였습니다.

사도 바울은 이 도시에 복음을 전파하기를 간절히 원했던 것 같습니다. 라오디게아에는 유대인이 많이 살고 있었습니다. 전체적인 도시 구성원은 혼합 민족들이었습니다. 바울은 라오디게아 교회에 편지를 보내어 이를 골로새 교회에서도 읽게 하였습니다. 그리고 골로새 교회로 보낸 편지도 받아 보라고 권고하고 있습니다. "라오디게아에 있는 형제들과 눔바와 그 여자의 집에 있는 교회에 문안하고 이 편지를 너희에게서 읽은 후에 라오디게아인의 교회에서도 읽게 하고 또 라오디게아로서 오는 편지를 너희도 읽으라"(골 4:15-16).

라오디게아 교회는 소아시아의 일곱 교회 중 하나의 소재지로서 예수님께서는 이곳에 제일 마지막으로 편지를 보내셨습니다(계 3:14-21).

예수님은 어떤 모습으로 라오디게아 교회에 말씀하셨습니까?

라오디게아 교회의 사자에게 편지하라 아멘이시요 충성되고 참된 증인이시요 하나님의 창조의 근본이신 이가 이르시되(계 3:14)

예수님은 아멘이십니다.

아멘은 '진실로' '참으로' 의 뜻이 있습니다. 아멘의 쓰임에는 몇 가지가 있습니다.

• 다른 사람이 한 말에 동의를 나타낼 때 아멘 합니다.

여호야다의 아들 브나야가 왕께 대답하여 이르되 **아멘** 내 주 왕의 하나님 여호와께서도 이렇게 말씀하시기를 원하오며(왕상 1:36)

• 단독으로 말해진 경우로, 진실을 맹세할 때 아멘 합니다.

장색의 손으로 조각하였거나 부어 만든 우상은 여호와께 가증하니 그것을 만들어 은밀히 세우는 자는 저주를 받을 것이라 할 것이요 모든 백성은 응답하여 말하되 **아멘** 할지니라 그의 부모를 경홀히 여기는 자는 저주를 받을 것이라 할 것이요 모든 백성은 **아멘** 할지니라 그의 이웃의 경계표를 옮기는 자는 저주를 받을 것이라 할 것이요 모든 백성은 **아멘** 할지니라 맹인에게 길을 잃게 하는 자는 저주를 받을 것이라 할 것이요 모든 백성은 **아멘** 할지니라 객이나 고아나 과부의 송사를 억울하게 하는 자는 저주를 받을 것이라 할 것이요 모든 백성은 **아멘** 할지니라 그의 아버지의 아내와 동침하는 자는 그의 아버지의 하체를 드러냈으니 저주를 받을 것이라 할 것이요 모든 백성은 **아멘** 할지니라 짐승과 교합하는 모든 자는 저주를 받을 것이라 할 것이요 모든 백성은 **아멘** 할지니라 그의 자매 곧 그의 아버지의 딸이나 어머니의 딸과 동침하는 자는 저주를 받을 것이라 할 것이요 모든 백성은 **아멘** 할지니라 장모와 동침하는 자는 저주를 받을 것이라 할 것이요 모든 백성은 **아멘** 할지니라 그의 이웃을 암살하는 자는 저주를 받을 것이라 할 것이요 모든 백성은 **아멘** 할지니라 무죄한 자를 죽이려고 뇌물을 받는 자는 저주를 받을 것이라 할 것이요 모든 백성은

아멘 할지니라 이 율법의 말씀을 실행하지 아니하는 자는 저주를 받을 것이라 할 것이요 모든 백성은 **아멘** 할지니라(신 27:15-26)

- 말이 끝난 후에 아멘 하는 경우는 예배 용어로서 기도가 끝난 때입니다.

여호와 이스라엘의 하나님을 영원부터 영원까지 송축할지로다 하매 모든 백성이 **아멘** 하고 여호와를 찬양하였더라(대상 16:36)

예수님께서 아멘이시라는 의미는 하나님의 구원의 약속이 그리스도로 말미암아 성취된 것이 '참으로' '확실히' 된 것임을 의미합니다. 그리고 예수님께서 자신을 아멘이라고 하신 것은 예수님이 계시면 더 이상 더할 것이 없다는 뜻입니다.

예수님은 '아멘' 이십니다. 예수님의 의도와 약속은 한결같고 변함이 없으시므로 언제나 예이고, 언제나 아멘이십니다.

예수님은 충성되십니다.

충성이란 말은 신실, 성실이란 말과 같습니다. 예수님은 충성되십니다. 예수님은 절대적으로 신실하시며, 영원 불변하십니다. 그리고 예수님은 끝까지 책임을 완수하시며, 그분의 말씀은 신뢰성이 있고 확실합니다.

예수님은 참된 증인이십니다.

증인(witness)이라는 말은 일반적으로 재판석에서 증언하는 자를 말합니다. 구약성서에 있어서의 증인 역시 재판에 출두하여 증언하는 사람을 말하였습니다. 신약성서에 있어서는, 복음의 진리를 증거하는 사람이 증인으로 불리고 있습니다.

> 이러므로 우리에게 구름같이 둘러싼 허다한 **증인**들이 있으니 모든 무거운 것과 얽매이기 쉬운 죄를 벗어 버리고 인내로써 우리 앞에 당한 경주를 경주하며(히 12:1)

예수 그리스도를 믿는 신앙으로 말미암아 죽임 당한 스데반도 증인이라 불리고 있습니다(행 7장). 그리고 그리스어의 마르투스(martus)는 '증인' '순교자'의 의미를 가지고 있습니다. 로마제국 하에서 신앙을 위해 피 흘린 그리스도인들과, 영원한 영광의 승리의 나라로 옮겨진 여러 순교자들도 증인입니다.

> 네가 어디 사는 것을 내가 아노니 거기는 사탄의 권좌가 있는 데라 네가 내 이름을 굳게 잡아서 내 충성된 **증인** 안디바가 너희 가운데 곧 사탄이 사는 곳에서 죽임을 당할 때에도 나를 믿는 믿음을 저버리지 아니하였도다(계 2:13)

> 또 내가 보매 이 여자가 성도들의 피와 예수의 **증인**들의 피에 취한지라

내가 그 여자를 보고 기이히 여기고 크게 기이히 여기니(계 17:6)

예수님께서 그분의 생애를 통해, 그리고 십자가의 피로써 하나님의 진실의 참된 증인이 되셨습니다.

또 충성된 **증인**으로 죽은 자들 가운데서 먼저 나시고 땅의 임금들의 머리가 되신 예수 그리스도로 말미암아 은혜와 평강이 너희에게 있기를 원하노라 우리를 사랑하사 그의 피로 우리 죄에서 우리를 해방하시고 (계 1:5)

예수님을 참된 증인이라고 하신 것은 예수님은 신실한 증인이자 가장 완벽한 증인이시기 때문입니다. 예수님은 '충성되고 참된 증인' 이십니다. 따라서 그가 사람들에게 행하시는 하나님께 대한 증언은 능히 그대로 받아들이고 또 믿을 수 있는 것이며, 하나님 앞에서 사람들에 대해 증언할 때 그것 역시 그대로 인정될 것입니다. 예수님께서 증인이 되신 것처럼, 우리도 예수님의 참된 증인으로서 사명을 잘 감당해야 합니다.

예수님은 창조의 근본이십니다.

창조라는 단어의 히브리어는 '바-라(bara),' '만든다' 는 뜻으로, 하나님에 의한 창조를 나타내고 있습니다.

태초에 하나님이 천지를 창조하시니라(창 1:1)

하나님께서 천지를 창조하셨습니다. 첫째 날은 빛, 둘째 날은 물과 하늘, 셋째 날은 땅과 식물, 넷째 날은 천체, 다섯째 날은 물고기와 새, 여섯째 날은 동물, 기는 것, 인간을 창조하신 것을 기록하셨습니다.

예수님은 '하나님의 창조의 근본' 이십니다. 즉 예수님은 창조의 제일 원인으로 창조자이시며, 그 창조의 통괄자이십니다. 그리고 교회의 창조의 근본이시기도 합니다.

예수님께서는 성부이신 아버지와 성령 하나님과 함께 천지를 창조하셨습니다. 예수님은 창조의 근본으로 창조자이십니다. 예수님이 창조의 근본이라고 하신 것은 모든 피조물은 말씀에 의해 창조되었고, 그 말씀이 예수님이심을 뜻합니다(요 1:1~4).

예수님은 아멘이십니다. 예수님은 충성되고 참된 증인이십니다. 예수님은 만물을 창조하신 근본이시며, 스스로 존재하는 분이십니다. 예수님은 가장 위대하시고 뛰어나신 분이십니다.

라오디게아 교회의 사자에게 말씀하신 예수님은 오늘 우리에게도 동일하게 말씀하시는 분이십니다.

라오디게아 교회의 실상은 어떠했습니까?

내가 네 행위를 아노니 네가 차지도 아니하고 뜨겁지도 아니하도다 네가 차든지 뜨겁든지 하기를 원하노라 네가 이같이 미지근하여 뜨겁지도 아니하고 차지도 아니하니 내 입에서 너를 토하여 버리리라 네가 말하기를

나는 부자라 부요하여 부족한 것이 없다 하나 네 곤고한 것과 가련한 것
과 가난한 것과 눈먼 것과 벌거벗은 것을 알지 못하는도다(계 3:15-17)

예수님께서는 라오디게아 교회의 실상을 잘 아셨습니다. 예수님께서는 라오디게아 교회가 미지근한 신앙생활을 하는 것을 아셨습니다. 그래서 그들의 미지근한 신앙생활을 책망하셨습니다. "네가 차지도 아니하고 뜨겁지도 아니하도다."

예수님께서 미지근한 신앙인을 책망하신 이유는 그들이 하나님의 성령을 받는 것과 능력을 받는 것을 거부하기 때문입니다. 하나님에 대한 열정이 식어 있고 잘못된 신앙생활을 하고 있다는 것입니다. 이들은 잘못된 신앙생활을 하는 줄도 모르고 자기 사랑과 자기 도취에 빠져 있습니다. 예수님은 이들에게 "나는 너희가 차라리 차갑든지 뜨겁든지 하면 좋겠다"고 하신 것입니다.

우리는 예수님께서 열정이 없는 것을 얼마나 싫어하셨는지를 봅니다. "내 입에서 너를 토하여 버리리라"고 하셨습니다.

폴 키스 데이비스 목사님은 이런 신앙에 대하여 자세하게 설명하였습니다(폴 키스 데이비스, 『추수의 천사들』).

내가 목격한 것은 우리의 원수가 교회 안으로 어떻게 침투해 들어오는지를 보여주는 장면이었다. 원수는 참된 성령의 기름 부으심과 너무나도 흡사한 거짓된 기름 부으심으로, 택함받은 자라도 속이려고 무던히 애를 쓴다. 개인적인 야망이나 인간적인 관심사는 누룩이다. 이 누룩은 우리가 받는 계시의 정확성을 왜곡시킬 수 있다. 우리는 주님의 시각을 확보하기

위해 자신이 견지하고 있는 관점을 버리게 해달라고 간절히 기도해야 한다. 하나님의 관점을 가질 때 비로소 이 땅에 이루어질 하늘의 모형이 어떠할지를 온전히 이해할 수 있다.

현재 이 세대 가운데 영적 분별이 증가되어 가고 있다. 더 이상 미지근한 기독교 신앙 혹은 하나님의 임재가 없는 공허한 교회 예배는 허용되지 말아야 한다. 이 세대는 주님을 경험적으로 알기를 절실히 원한다. 이들의 갈급함을 채워 주실 분은 오직 주님뿐이다.

우리가 본받아야 할 완벽한 패턴은 주 예수 그리스도이시다. 하나님 아버지는 여전히 순수하고 자발적인 순종을 찾으신다. 이제 앞으로 도래할 것들은 대부분 인간이 이제껏 마음속으로나마 한 번도 품어 본 적이 없는 것들이다. 따라서 이 일이 시작되기 위해서 계시의 성령님의 도움은 필수적이다. 우리는 주님이 하시는 것을 본 대로 행할 것이며, 하늘의 영역에서 들리는 대로만 말할 것이다.

오늘날에도 자기중심적이고 일시적인 것에만 관심을 두고, 미지근한 신앙생활을 하는 라오디게아 교회의 특성을 나타내는 교회들이 있습니다. 우리가 반드시 잊지 않아야 할 것은 하나님을 향한 열정과 사랑 그리고 친밀함을 가져야 한다는 것입니다.

성공회 신부인 마크 피어슨은 하나님과의 친밀한 교제를 다음과 같이 강조하였습니다(Mark A. Pearson, 『Christian Healing』).

우리에게 있어 가장 주된 질병은 바로 하나님으로부터 멀어지는 것이다. 하나님과 우리 사이에 쳐져 있던 이러한 멀어짐의 휘장이 그리스도 안에서 마침내 찢어져 버렸다(막 15:38). 그 결과 우리는 이제 하나님의 자녀들이 되었으며, 그분과 교제를 나누며 살 수 있게 되었다. 그리고 우리가 죽으면 그분과 하늘에서 영원토록 즐거운 교제를 나눌 수 있을 것이다.

우리는 하나님과 친밀한 교제를 나누는 것과 함께 하나님의 임재의 불과 하나님의 성령으로 뜨거워야 합니다.
예수님께서는 성령과 불로 세례를 주신다고 하셨습니다.

나는 너희로 회개하게 하기 위하여 물로 세례를 베풀거니와 내 뒤에 오시는 이는 나보다 능력이 많으시니 나는 그의 신을 들기도 감당치 못하겠노라 그는 성령과 불로 너희에게 세례를 베푸실 것이요(마 3:11)

하늘로부터 능력이 임할 때까지 기도하라는 예수님의 명령에 순종하였을 때, 마가의 다락방에 오순절날 성령의 불이 임했습니다.

볼지어다 내가 내 아버지께서 약속하신 것을 너희에게 보내리니 너희는 위로부터 능력으로 입혀질 때까지 이 성에 머물라 하시니라(눅 24:49)

오순절 날이 이미 이르매 그들이 다같이 한 곳에 모였더니 홀연히 하늘로부터 급하고 강한 바람 같은 소리가 있어 그들이 앉은 온 집에 가득하며 마치 불의 혀처럼 갈라지는 것들이 그들에게 보여 각 사람 위에 하나씩 임하여 있더니 그들이 다 성령의 충만함을 받고 성령이 말하게 하심을 따라 다른 언어들로 말하기를 시작하니라(행 2:1-4)

예수님께서 약속하신 성령의 불을 받아 능력으로 복음을 전할 뿐만 아니라, 승리하는 삶을 살아야 하겠습니다.

예수님은 라오디게아 교회에 무엇을 권면하셨습니까?

네가 말하기를 나는 부자라 부요하여 부족한 것이 없다 하나 네 곤고한 것과 가련한 것과 가난한 것과 눈먼 것과 벌거벗은 것을 알지 못하는도 다 내가 너를 권하노니 내게서 불로 연단한 금을 사서 부요하게 하고 흰 옷을 사서 입어 벌거벗은 수치를 보이지 않게 하고 안약을 사서 눈에 발라 보게 하라(계 3:17-19)

예수님께서 라오디게아 교회는 스스로 "부자라 부요하여 부족한 것이 없다"고 한다고 하셨습니다. 우리가 알아야 할 것은 참 부요는 물질의 풍요로움에 있지 않다는 것입니다. 영적으로 얼마나 만족하며 살아가느냐가 중요합니다.

예수님께서는 부자라고 부족한 것이 없다고 말하는 라오디게아 교인들에게 다음과 같이 권면하셨습니다.

불로 연단한 금을 사서 부요하게 하라고 하셨습니다.

이 말씀에 대해 매튜 헨리는 다음과 같이 가르쳐 줍니다.

이 사람들은 가난하다. 그래서 그리스도께서는 이들에게 자신에게로부터 불로 연단한 금을 사서 부요하게 되라고 권고하신다. 이들에게 참된 부를 가질 수 있는 곳과 그것을 가질 수 있는 방법을 알려주시는 것이다. 그것을 가질 수 있는 곳은 주님 자신에게서이다. 주님으로부터 이 참된 금을 얻는 방법은 그것을 사는 것이다. 자만심을 버리고, 가난한 마음과 빈 마음을 가지고 그리스도께 오라. 주님의 숨겨진 보물로 채워지게 되리라.

예수님은 참신앙을 갖도록 권고하셨습니다. 라오디게아 교회는 그들의 금전적 부요를 자랑했습니다. 그러나 그리스도께서는 라오디게아 교회에게 '불로 연단한 금'을 사서 부요하게 하라고 권면하셨습니다. 여기서 '불로 연단한 금'은 참신앙을 의미합니다(벧전 1:7). 재물이 많다고 모든 것을 할 수 있는 것이 아닙니다. 재물로는 행복을 사거나 건강, 또는 영혼의 안식처를 살 수가 없습니다. 재물은 다만 삶을 좀 더 풍성하게 해 줄 뿐입니다. 따라서 재물로만 인생을 살아가고자 하는 사람이 있다면 그는 진정으로 가난한 사람입니다(『크리스탈 강해』 참조).

흰 옷을 입어 벌거벗은 수치를 보이지 않게 하라고 하셨습니다.

이 말씀에 대해 매튜 헨리는 다음과 같이 이야기합니다.

이 사람들은 벌거벗었다. 그리스도께서는 이들에게 옷을 얻을 수 있는 곳을 가르쳐 주신다. 그들은 이 옷을 그리스도로부터 받아야 한다. 그리고 주님께서 주신 흰 옷을 입으려면 더러운 누더기를 벗어야만 한다.

예수님께서는 수치를 가리라고 권고하셨습니다. 라오디게아 교회는 또한 그 도시의 특산품인 옷을 자랑했습니다. 그러나 예수님께서는 흰 옷을 사서 입고 벌거벗은 수치를 가리라고 권고하십니다. '벌거벗었다'는 것은 수치의 극치를 나타내는 표현이며, '흰 옷'은 그리스도만이 주실 수 있는 인격을 의미합니다. 즉 라오디게아 교회는 자신의 죄를 가릴 수 있는 영적인 옷을 구비하지 못했던 것입니다. 자기 영혼의 수치를 가리지 못하는 사람이 육체를 장식한다고 하는 것처럼 무의미하고 어리석은 일도 없습니다(「크리스탈 강해」 참조).

안약을 사서 바르고 볼 것을 권고하셨습니다.

이 말씀에 대해 매튜 헨리는 다음과 같이 설명합니다.

이들은 눈멀었다. 그래서 주님은 이들에게 "안약을 사서 보게 하라"고 권고하신다. 자신의 지혜와 이성을 포기하고 주님의 말씀과 성령에 몸을 맡기라고 권고하시는 것이다. 그러면 이들의 눈이 열릴 것이다.

예수님께서는 안약을 사서 바르고 볼 것을 권고하셨습니다. 라오디게아 교회의 또 한 가지 자랑은 그곳에서 유명한 안약이 생산된다는 것이었습니다. 하지만 예수님께서는 그들에게 오히려 안약을 사서 눈에 발라 보게 하라고 권고하십니다. 즉 라오디게아 교회는 눈을 밝히는 안약을 자랑하면서도, 그들의 영적 빈곤과 벌거벗은 수치는 발견하지 못했던 것입니다. 성도는 자신의 죄 된 모습을 적나라하게 볼 수 있어야 합니다. 그래야 하나님 앞에 바로 설 수 있는 것입니다. 그러한 관점에서 볼 때 라오디게아 교회는 맹인이었고, 깜깜한 어두움을 헤매고 있었습니다(『크리스탈 강해』 참조).

열심을 내라고 하셨습니다.
회개하라고 하셨습니다.
마지막으로 예수님의 음성을 듣고 문을 열라고 하셨습니다.

볼찌어다 내가 문 밖에 서서 두드리노니 누구든지 내 음성을 듣고 문을 열면 내가 그에게로 들어가 그로 더불어 먹고 그는 나로 더불어 먹으리라(계 3:20)

예수님은 닫힌 문을 노크하고 계십니다. 예수님의 음성은 '두드리노니(knocking)'입니다. 우리는 주님의 말씀을 반드시 들어야 할 만큼 매우 긴박한 상황에 처해 있습니다. 우리는 과거의 그 어느 세대도 듣지 못한, 오늘날에 들려오는 주님의 말씀을 들어야 합니다.

예수님은 주님의 노크 소리에 응답할 사람들을 찾고 계십니다. 고요하고 차분하게 한껏 귀를 기울인다면, 지금 문을 두드리시는 주님의 소리를 듣게 될 것입니다. 예수님께서는 자신을 개인적으로 알리시기를 간절히 바라십니다. 이는 과거 어느 세대도 경험하지 못했던 수준이 될 것입니다. 예수님과의 친밀함이란 바로 오늘날에 해당하는 말입니다.

지금은 교회시대의 마지막입니다. 더 이상 교회에 대한 언급이 없습니다. 라오디게아 교회 시대와 같은 우리의 현 시대가 끝나면, 주님께서는 재림작업에 착수하실 것입니다. 이런 이유로 주님은 이렇게 말씀하셨습니다. "만일 네가 내 음성을 듣고 응답한다면, 내가 와서 너에게 내가 누구인지를 알려주겠다"(계 3:20).

예수님은 처음에는 어린양의 모습으로 이 세상에 오셨습니다. 예수님은 자신을 기꺼이 십자가에 복종시키심으로써 우리를 위한 구원을 완성하셨습니다. 그러나 재림의 때에 주님은 유다지파의 사자로 오실 것입니다.

요한계시록 1장 14-15절은 주님의 모습을 다음과 같이 묘사하였습니다. "그 머리와 털의 희기가 흰 양털 같고 눈 같으며 그의 눈은 불꽃 같고 그의 발은 풀무에 단련한 빛난 주석 같고 그의 음성은 많은 물소리와 같으며."

우리는 문 밖에서 두드리고 계신 주님을 환영하여 풍성한 삶을 누려야 합니다. 우리는 지금 매우 바쁜 시대를 살아가고 있습니다. 우리의 삶을 재정비함으로써 우리 영(spirit)의 문을 노크하시는 주님의 음성을 들어야 합니다. 그리고 주님께 문을 열어 드려야 합니다.

귀 있는 자는 성령이 교회들에게 하시는 말씀을 들을지어다(계 3:22).

이기는 자에게 주시는 축복은 무엇입니까?

이기는 그에게는 내가 내 보좌에 함께 앉게 하여 주기를 내가 이기고 아버지 보좌에 함께 앉은 것과 같이 하리라 귀 있는 자는 성령이 교회들에게 하시는 말씀을 들을지어다(계 3:21-22)

이기는 자는 예수님의 보좌, 하나님 아버지의 보좌에 함께 앉는 영광을 누립니다.

보좌는 어떤 곳입니까?

보좌(thrones)는 하나님께서 좌정하신 곳을 가리킵니다(시 9:4, 사 6:1), 보좌는 하나님의 권력, 왕권, 통치를 의미하는 것이고, 또 하나님의 심판의 권위를 나타내는 것이기도 합니다(시 9:4; 97:2).
하나님의 보좌의 영광을 요한계시록 4장과 5장에서 볼 수 있습니다.

내가 곧 성령에 감동되었더니 보라 하늘에 보좌를 베풀었고 그 보좌 위에 앉으신 이가 있는데 앉으신 이의 모양이 벽옥과 홍보석 같고 또 무지개가 있어 보좌에 둘렸는데 그 모양이 녹보석 같더라 또 보좌에 둘려 이십사 보좌들이 있고 그 보좌들 위에 이십사 장로들이 흰 옷을 입고 머리에 금관을 쓰고 앉았더라 보좌로부터 번개와 음성과 우렛소리가 나고 보좌 앞에 켠 등불 일곱이 있으니 이는 하나님의 일곱 영이라 보좌 앞에 수정과 같은 유리 바다가 있고 보좌 가운데와 보좌 주위에 네 생물이 있는데 앞뒤에 눈들이 가득하더라 그 첫째 생물은 사자 같고 그 둘째 생물은 송아지 같고 그 셋째 생물은 얼굴이 사람 같고 그 넷째 생물은 날아가는 독수리 같은데 네 생물은 각각 여섯 날개를 가졌고 그 안과 주위에는 눈들이 가득하더라 그들이 밤낮 쉬지 않고 이르기를 거룩하다 거룩하다 거룩하다 주 하나님 곧 전능하신 이여 전에도 계셨고 이제도 계시고 장차 오실 이시라 하고 그 생물들이 보좌에 앉으사 세세토록 살아 계시는 이에게 영광과 존귀와 감사를 돌릴 때에 이십사 장로들이 보좌에 앉으신 이 앞에 엎드려 세세토록 살아 계시는 이에게 경배하고 자기의 관을 보좌 앞에 드리며 이르되 우리 주 하나님이여 영광과 존귀와 권능을 받으시는 것이 합당하오니 주께서 만물을 지으신지라 만물이 주의 뜻대로 있었고 또 지으심을 받았나이다 하더라(계 4:2-11)

릭 조이너 목사님은 주님의 보좌를 다음과 같이 이야기합니다(『모닝스타 코리아』 18호).

주님의 보좌는 이 땅의 그 어떤 권세와 통치권보다 높으시다. 우리가 주님이 앉아 계신 곳에서 더 많이 주님의 모습을 바라볼수록, 더 많은 주님의 권세와 통치가 우리를 통해 표현될 것이다. 예수님은 공생애 시절에 바로 이러한 방법을 통해 하나님의 나라를 선포하셨다. 주님은 세상의 어떤 문제나 상황에 대해서도 천국의 권세를 행사해 보이셨다. 오늘날도 역시 주님이 사용하신 방법으로 다시 한 번 하나님의 나라가 선포될 것이다. 당신은 이 일을 성취하기 위한 역할의 일부를 맡은 자이다. 그리스도의 몸의 일원이 된다는 것, 이 땅에서 왕 중의 왕을 대표하는 자가 된다는 것은 인간이 누릴 수 있는 최고의 영예이다. 당신의 인생에서 이보다 덜 가치 있는 일에 안주해 있지 말라. 이 일이야말로 당신이 부르심을 받은 목적이다.

예수 그리스도는 라오디게아 교회에게 "이기는 그에게는 내가 내 보좌에 함께 앉게 하여 주기를 내가 이기고 아버지 보좌에 함께 앉은 것과 같이 하리라"고 약속하셨습니다. 이것은 믿음을 지킨 성도에게 주는 상급이기도 합니다.

이기는 자에게 주시는 축복은 놀랍도록 영광스러운 자리입니다. 그것은 천국에서 왕 중에 왕이신 하나님을 뵙고 하나님의 영광을 경험하는 것입니다. 그것은 하나님 아버지의 보좌와 예수님께서 만왕의 왕으로 앉아 계신 자리에 함께 앉아 누리는 영광, 권세, 통치입니다. 우리는 반드시 이겨 이런 놀라운 영광의 보좌에 앉는 축복을 누려야 하겠습니다.

순전한 나드 도서안내   02-574-6702

No.	도서명	저자	정가
1	강력한 능력전도의 비결	체 안	11,000
2	거의 완벽한 범죄	프랜시스 맥너트	13,000
3	광야에서의 승리(개정판)	존 비비어	10,000
4	교회, 그 연합의 비밀	프랜시스 프랜지팬	10,000
5	교회를 뒤흔드는 악령을 대적하라	프랜시스 프랜지팬	5,000
6	교회를 어지럽히는 험담의 악령을 추방하라	프랜시스 프랜지팬	5,000
7	그리스도인의 삶의 비결	진 에드워드	8,000
8	기름부으심	스미스 위글스워스	8,000
9	꿈을 통해 말씀하시는 하나님	헤피만 리플	10,000
10	날마다 하나님께로 더 가까이	존 비비어	13,000
11	내 백성을 자유케 하라	허 철	10,000
12	내게 신선한 기름을 부으셨나이다	허 철	9,000
13	내면 깊은 곳으로의 여행	진 에드워드	11,000
14	내어드림	페늘롱	7,000
15	다가온 예언의 혁명	짐 골	13,000
16	다가올 전환	래리 랜돌프	9,000
17	당신도 예언할 수 있다	스티브 탐슨	12,000
18	당신은 예수님의 재림에 준비가 되어 있습니까	메릴린 히키	13,000
19	당신은 치유받기 원하는가	체 안	8,000
20	당신의 기도에 영적 권위가 있습니까	바바라 윈트로블	9,000
21	더넓게 더깊게	메릴린 앤드레스	13,000
22	동성애 치유될 수 있는가	프랜시스 맥너트	7,000
23	두려움을 조장하는 악령을 물리치라	드니스 프랜지팬	5,000
24	마지막 시대에 악을 정복하는 법	릭 조이너	9,000
25	마켓플레이스 크리스천(개정판)	로버트 프레이저	9,000
26	무시되어 온 축복의 통로	존 비비어	6,000
27	믿음으로 질병을 치유하라(개정판)	T.L. 오스본	20,000
28	병고침	스미스 위글스워스	9,000
29	부서트리고 무너트리는 기름 부으심	바바라 J. 요더	8,000
30	부자 하나님의 부자 자녀들	T.D. 제이크	8,000
31	사도적 사역	릭 조이너	12,000
32	사랑하는 자가 병들었나이다	허 철	8,000
33	사사기	잔느 귀용	7,000
34	사업을 위한 기름 부으심(개정판)	에드 실보소	10,000
35	상한 마음을 치유하는 기도	마크 버클러	15,000
36	상한 영의 치유1	존 로렌 & 폴라 샌드포드	17,000
37	상한 영의 치유2	존 로렌 & 폴라 샌드포드	13,000
38	성령님을 아는 놀라운 지식	허 철	10,000
39	성령의 은사	스미스 위글스워스	10,000
40	성의 치유	데이빗 카일 포스터	13,000
41	세계를 변화시키는 능력	릭 조이너	10,000
42	속사람의 변화 1	존 로렌 & 폴라 샌드포드	11,000
43	속사람의 변화 2	존 로렌 & 폴라 샌드포드	13,000
44	신부의 중보기도	게리 윈스	11,000
45	십자가의 왕도	페늘롱	8,000
46	아가서	잔느 귀용	11,000
47	악의 속박으로부터의 자유	릭 조이너	9,000
48	어머니의 소명	리사 하텔	12,000
49	여정의 시작	릭 조이너	13,000
50	영광스런 교회에 보내는 메시지 1	릭 조이너	10,000
51	영광스런 교회에 보내는 메시지 2	릭 조이너	10,000
52	영분별	프랜시스 프랜지팬	3,500
53	영으로 대화하시는 하나님	래리 랜돌프	8,000
54	영적 전투의 세 영역(개정판)	프랜시스 프랜지팬	10,000
55	예레미야	잔느 귀용	6,000
56	예수 그리스도와의 친밀함	잔느 귀용	7,000
57	예수님 마음찾기	페늘롱	8,000

PURE NARD BOOKS

No.	도서명	저자	정가
58	예수님을 닮은 삶의 능력	프랜시스 프랜지팬	9,000
59	예수님을 향한 열정〈개정판〉	마이크 비클	12,000
60	요한계시록	잔느 귀용	11,000
61	우리 혼의 보좌들	폴 키스 데이비스	10,000
62	인간의 7가지 갈망하는 마음	마이크 비클	11,000
63	저주에서 축복으로	데릭 프린스	6,000
64	적의 허를 찌르는 기도들	척 피어스	10,000
65	조지 W. 부시의 믿음	스티븐 멘스필드	11,000
66	주님, 내 눈을 열어주소서	게리 오츠	8,000
67	주님, 내 마음을 열어주소서	캐티 오츠/로버트 폴 램	9,000
68	오중사역자들 어떻게 협력해야 하나〈개정판〉	벤 R. 피터스	9,000
69	지구상에서 가장 강력한 기도	피터 호로빈	7,500
70	지금은 싸워야 할 때	프랜시스 프랜지팬	8,000
71	찬양하는 전사들	척 피어스/존 딕슨	12,000
72	천국경제의 열쇠	샨 볼츠	8,000
73	천국방문〈개정판〉	애나 로운튜리	11,000
74	축사사역과 내적치유의 이해 가이드	존 & 마크 샌드포드	18,000
75	출애굽기	잔느 귀용	10,000
76	하나님과 동행하는 사람들〈개정판〉	샨 볼츠	9,000
77	하나님과 사람에게 더욱 사랑스러운 자	듀안 벤더 클럭	10,000
78	하나님과의 연합	잔느 귀용	7,000
79	하나님으로부터 오는 능력	찰스 피니	9,000
80	하나님을 연인으로 사랑하는 즐거움	마이크 비클	13,000
81	하나님의 마음에 합한 사람	마이크 비클	13,000
82	하나님의 심정 묵상집	페늘롱	8,500
83	하나님의 아름다움을 바라보는 축복	허 철	10,000
84	하나님의 요새	프랜시스 프랜지팬	8,000
85	하나님의 음성을 듣는 방법〈개정판〉	마크 & 패티 버클러	15,000
86	하나님의 장군의 일기	잔 G. 레이크	6,000
87	항상 배가하는 믿음	스미스 위글스워스	10,000
88	항상 부족함이 없으리로다	하이디 베이커	8,000
89	혼동으로부터의 자유	릭 조이너	5,000
90	혼의 묶임을 파쇄하라	빌 & 수 뱅크스	10,000
91	화 있을진저 외식하는 서기관과 바리새인들	존 비비어	8,000
92	횃불과 검	릭 조이너	8,000
93	21C 어린이 사역의 재정립	베키 피셔	13,000
94	금식이 주는 축복	마이크 비클 & 다나 캔들러	12,000
95	승리하는 삶	릭 조이너	12,000
96	부활	벤 R. 피터스	8,000
97	거절의 상처를 치유하시는 하나님	데릭 프린스	6,000
98	그리스도의 제사장적 신부	애나 로운튜리	13,000
99	마귀의 출입구를 차단하라	존 비비어	13,000
100	통제 불능의 상황에서도 난 즐겁기만 하다	리사 비비어	12,000
101	어린이와 십대를 위한 축사사역	빌 뱅크스	11,000
102	알려지지 않은 신약성경 교회 이야기	프랭크 바이올라	12,000
103	빛은 어둠 속에 있다	패트리샤 킹	10,000
104	가족을 위한 영적 능력	베벌리 라헤이	12,000
105	목적으로 나아가는 길	드보라 조이너 존슨	8,000
106	예언사역 매뉴얼	마크 비써	12,000
107	추수의 천사들	폴 키스 데이비스	13,000
108	컴 투 파파	게리 윈스	13,000
109	러쉬 아워	슈프레자 싯홀	9,000
110	그리스도 안에 거하는 삶	앤드류 머레이	10,000
111	지도자의 넘어짐과 회복	웨이드 굿데일	12,000
112	하나님의 일곱 영	키이스 밀러	13,000
113	너희 지체를 의의 병기로 하나님께 드리라	허 철	8,000
114	신부	론다 캘혼	15,000

No.	도서명	저자	정가
115	추수의 비전	릭 조이너	8,000
116	하나님이 이 땅 위를 걸으셨을 때	릭 조이너	9,000
117	하나님의 집	프랜시스 프랜지팬	11,000
118	도시를 변화시키는 전략적 중보기도	밥 하트리	8,000
119	왕의 자녀의 초자연적인 삶	빌 존슨 & 크리스 밸러턴	13,000
120	초자연적 능력의 회전하는 그림자	줄리아 로렌 & 빌 존슨 & 마헤쉬 차브다	13,000
121	언약기도의 능력	프랜시스 프랜지팬	8,000
122	꿈의 언어	짐 골 & 미쉘 앤 골	13,000
123	믿음으로 산 증인들	허 철	12,000
124	욥기	잔느 귀용	13,000
125	포로들을 해방시키라	앨리스 스미스	13,000
126	나라를 변화시킨 비전: 윌리엄 테넌트의 영적인 유산	존 한센	8,000
127	세상을 다스리는 권세의 회복	레베카 그린우드	10,000
128	예언적 계약, 잇사갈의 명령	오비 팍스 해리	13,000
129	창세기 주석	잔느 귀용	12,000
130	하나님의 강	더치 쉬츠	13,000
131	당신의 운명을 장악하라	알렌 키란	13,000
132	용서를 선택하기	존 로렌 & 폴라 샌드포드 & 리 바우먼	11,000
133	자살	로렌 타운젠드	10,000
134	레위기/민수기/신명기 주석	잔느 귀용	12,000
135	그리스도인의 영적혁명	패트리샤 킹	11,000
136	초자연적 중보기도	레이첼 힉스	13,000
137	꿈과 환상들	조 이보지	12,000
138	나는 하나님의 음성을 듣는다	킴 클레멘트	11,000
139	엘리야의 임무	존 로렌 & 폴라 샌드포드	13,000
140	하나님의 초자연적인 능력	바비 코너	11,000
141	거룩과 진리와 하나님의 임재	프랜시스 프랜지팬	9,000
142	사랑하는 하나님	마이크 비클	15,000
143	천사와의 만남	짐 골 & 미쉘 앤 골	12,000
144	과거로부터의 자유	존 로렌 & 폴라 샌드포드	13,000

모닝스타 코리아 저널 morningstar KOREA JOURNAL

No.	도서명	저자	정가
1	모닝스타저널 제1호	릭 조이너 외	7,000
2	모닝스타저널 제2호	릭 조이너 외	7,000
3	모닝스타저널 제3호 승전가를 울릴 지도자들	릭 조이너 외	7,000
4	모닝스타저널 제4호 하나님의 능력	릭 조이너 외	7,000
5	모닝스타저널 제5호 믿음과 하나님의 영광	릭 조이너 외	7,000
6	모닝스타저널 제6호 성숙에 이르는 길	릭 조이너 외	7,000
7	모닝스타저널 제7호 마지막 때를 위한 나침반	릭 조이너 외	7,000
8	모닝스타저널 제8호 회오리 바람	릭 조이너 외	8,000
9	모닝스타저널 제9호 하늘 위의 선물	릭 조이너 외	8,000
10	모닝스타저널 제10호 천상의 언어	릭 조이너 외	8,000
11	모닝스타저널 제11호 신의 성품에 참예하는 자	릭 조이너 외	8,000
12	모닝스타저널 제12호 언약의 사람들	릭 조이너 외	8,000
13	모닝스타저널 제13호 열린 하나님의 나라	릭 조이너 외	8,000
14	모닝스타저널 제14호 하나님 나라의 능력	릭 조이너 외	8,000
15	모닝스타저널 제15호 하나님 나라의 복음	릭 조이너 외	8,000
16	모닝스타저널 제16호 성령 안에서 사는 삶	릭 조이너 외	8,000
17	모닝스타저널 제17호 성령 충만한 사역	릭 조이너 외	8,000
18	모닝스타저널 제18호 초자연적인 세계	릭 조이너 외	8,000
19	모닝스타저널 제19호 하늘을 이 땅으로 이끌어내다	릭 조이너 외	8,000
20	모닝스타저널 제20호 견고한 토대 세우기	릭 조이너 외	8,000
21	모닝스타저널 제21호 부서지는 세상에서 견고히 서기	릭 조이너 외	8,000
22	모닝스타저널 제22호 소집령	릭 조이너 외	8,000

※ **모닝스타 코리아 저널**은 한정판으로 출간되기 때문에 품절될 경우 구매하실 수가 없습니다. 그러므로 **품절 여부**를 확인하신 후 구매하시기 바랍니다.